Karl Marx — Friedrich Engels
O UMJETNOSTI

REČ I MISAO

NOVA SERIJA

372—373

Urednik
BRANISLAV MILOŠEVIĆ

KARL MARX — FRIEDRICH ENGELS

O UMJETNOSTI

IZDAVAČKA RADNA ORGANIZACIJA „RAD"
BEOGRAD, 1982.

Izbor, uvod i komentar
MILIVOJ SOLAR

UVOD:

KAKO RAZUMJETI MARXOVE I ENGELSOVE TEKSTOVE O UMJETNOSTI

1.

O odnosu marksizma i umjetnosti napisane su mnoge studije, vođene su brojne rasprave, izrečeni su mnogi sudovi i mnogo je čak i sasvim suprotnih zaključaka doneseno, izvedeno ili, pak, veoma oštro osporavano. Zanimanje za tu temu, međutim, ne samo da ne jenjava nego je, naprotiv, u porastu. Vjerojatno nema ni jednog marksističkog teoretičara, bez obzira na to bavio li se on prvenstveno filozofijom, ekonomijom, politikom ili bilo kojom pojedinom znanošću, koji nije barem dotakao pitanje odnosa marksizma prema umjetnosti, a marksistički orijentirani radovi o problemima pojedinih umjetnosti, o estetici ili o književnoj kritici, danas su toliko brojni i raznovrsni da postaju gotovo nepreglednim. Ni radovi protivnika marksizma o toj se temi ne mogu zanemariti; često je oštra i barem u nekom smislu obrazložena kritika marksizma u cjelini počinjala ili završavala upravo na problemu odnosa prema umjetnosti. Ima, dakle, mnogo razloga da kažemo: umjetnosti se u marksizmu posvećuje izuzetna pažnja. Prirodno je stoga postaviti pitanje: Zašto je tome tako? Zašto se marksisti s toliko pažnje bave problemima umjetnosti?

Moglo bi se, dakako, najprije odgovoriti da se danas o umjetnosti i inače mnogo raspravlja, pa marksistička teorija samo slijedi neku opću sklonost našeg doba da rasprave o umjetnosti prevagnu nad samom umjetničkom proizvodnjom. Možda prividno velika pažnja i zabrinutost nad sudbinom umjetnosti samo prikriva stvarnu činjenicu da umjetnost više nije neophodna? Možda marksizmu — kao što će reći neki njegovi protivnici — umjetnost naprosto „smeta", pa se marksisti upiru da joj u teoriji daju mjesto koje joj u praksi ne žele niti mogu priznati? Ili je, naprotiv, marksizam i sâm neka vrsta umjetnosti? Iz spleta takvih protuslovnih pitanja i odgovora može se jedino zaključiti da razloge zašto marksizam posvećuje toliko pažnje umjetnosti možemo valjano razmotriti tek nakon što smo utvrdili kako, zapravo, marksizam shvaća umjetnost, kako razumijeva umjetničku proizvodnju, kako tumači umjetnička djela i kako, na kraju, sâm sebe shvaća i tumači?

Premda se tu presudno razilaze odgovori kako unutar marksizma, tako i odgovori onih koji se marksizmom bave „izvana", tobože objektivno, a zapravo unutar neke druge obuhvatne doktrine ili filozofije, ipak se može čak i unaprijed ustvrditi: pažnja i ozbiljnost s kojima se marksisti bave umjetnošću govori da marksizam umjetnost smatra nečim što je vrijedno pažnje i razmatranja. Marksizam umjetnosti pridaje neku samostalnu vrijednost, neku vrijednost koja se ne može svesti na nešto drugo, na nešto što bi najprije valjalo razmotriti, da bi tek onda postalo jasno kako se treba pozabaviti i samom umjetnošću. Uporno bavljenje umjetnošću unutar marksizma tako, doduše, nije dokaz, ali je važno upozorenje da marksizam u umjetnosti vidi pojavu koja je do te mjere važna za razumijevanje ljudske kulture i povijesti da se bez nje ne može suditi o cjelini ljudskog svijeta. A to znači da je umjetnost u marksizmu okvirno tako shvaćena da njeno iskustvo ulazi u onu tradiciju bez koje se ni sâm marksizam ne može zamisliti. Kao što se oslanja na tradiciju filozofije, na tradiciju političke ekonomije ili socijalističkih pokreta, marksizam se oslanja i na tradiciju umjetnosti. Kada to ne bi bilo tako, umjetnost bi za njega bila tek nevažna igra oblicima ili iluzijama, tek neki „ukras" svakodnevice ili puki ostatak mitske prošlosti, a samo zbog toga se doista njome ne bi trebalo toliko i tako uporno baviti.

Naravno, time već ulazimo u analizu marksističkih shvaćanja umjetnosti i odmah je lako primijetiti kako se unutar marksizma granaju odgovori, kako rastu sporovi i kako veliko interesovanje za probleme umjetnosti i brojne njegove razrade ne dovode do opće suglasnosti. Tako se jedino može reći da marksizam u svim svojim vidovima ipak na neki način smatra kako umjetnost sadrži takvo iskustvo svijeta i života kakvo ni on sâm ne smije niti može zanemariti. Marksizam ne smatra da je kao cjelovito učenje prevladao umjetnost, da umjetnost njemu više nije potrebna, da je unutar njega izrečeno sve što je izrekla umjetnost i da je, prema tome, umjetnost samo nepotrebni ostatak prošlosti. Marksizam priznaje da želi osporiti i prevladati tradiciju, ali upravo time on priznaje da želi i nastaviti onu tradiciju koje je sastavni dio i umjetnost, pa, dakle, priznaje kako je umjetnost u tom smislu samosvojna i nezamjenjiva. Većina sporova unutar marksizma tada nastaje samo zbog toga što se različito određuje gdje su vrhunci one tradicije koju marksizam želi nastaviti i što se različito shvaća kakva umjetnost mora biti da bi i u novom razdoblju ljudske povijesti mogla obavljati svoju staru (ili možda novu?) ulogu. A kako se u odgovorima na takva pitanja ponovno vraća opća problematika prirode umjetnosti i problematika one promjene društvenog života koju marksizam smatra odlučujućom i za razvoj umjetnosti, baš u odnosu na pitanja koja se tiču umjetnosti otvara se unutar marksizma,

7

i oko marksizma, rasprava koja ni do danas nije završena.

Jedan je od ključnih elemenata te rasprave prirodan pokušaj da se utvrdi što su i kako su sami osnivači marksizma, Marx i Engels, govorili, odnosno pisali o umjetnosti. Pri tome se, naravno, Marxove i Engelsove izjave o umjetnosti nipošto ne moraju odmah shvatiti kao neki temelj o kojem unutar marksizma više nema smisla raspravljati. Ako su sami osnivači marksizma isticali kritiku kao bitnu dimenziju vlastitog mišljenja, nema nikakva načelna razloga da njihovi nastavljači ne budu kritični i prema njima samima. Osim toga, načelno je svakako moguće da bilo u općim idejama upravo o umjetnosti, bilo, pak, u nekim pojedinačnim pitanjima koja se tiču nekih umjetnosti, Marx i Engels nisu zastupali stajališta koja bi se mogla uvijek čak i unutar njihovih vlastitih općih postavki braniti i opravdati. Činjenica je, nadalje, da ni Marx ni Engels nisu ni jedno svoje djelo posvetili upravo umjetnosti, pa se lako može ustvrditi da se tom problematikom nisu bavili u toj mjeri da bi njihovim idejama i zapažanjima, razasutim u mnogim djelima, posvećenim ipak drugim svrhama, valjalo pridati odlučujuće značenje u izgradnji neke marksistički orijentirane filozofije umjetnosti, na primjer. I na kraju, svakako se može primijetiti da se proučavanjem umjetnosti upravo nakon njihove smrti široko razvilo u različitim, često sasvim novim pravcima, da se umjetnost sama u mnogo čemu čak i bitno promijenila i da se možda zbog toga i za marksiste nazire potpuno nova problematika, pa se nipošto ne mora odmah potcijeniti mišljenje osnivača marksizma o umjetnosti ako se kaže kako se danas problematika umjetnosti i samim marksistima otvara u potpuno novom obzoru.

Ipak, čak uz pretpostavku krajnje kritičnosti, rasprave o odnosu marksizma i umjetnosti danas su se toliko razgranale da se nameće potreba pokušaja utvrđivanja ako ičeg a ono nekog „polaznog stajališta". A što je tada prirodnije od napora da se „polazno stajalište" utvrdi analizom tekstova samih osnivača marksizma? Pokušaj *rekonstrukcije* Marxova i Engelsova shvaćanja umjetnosti čini se stoga i danas ponovno prijeko potrebnim zadatkom, pa je prirodno što su se toga prihvatili brojni interpretatori.

U mnogim raspravama o rekonstrukciji Marxova i Engelsova mišljenja o umjetnosti mogu se, načelno gledano, razabrati dva stajališta: prema prvom, izjave Marxa i Engelsa o umjetnosti presudna su i isključiva građa za svako marksističko shvaćanje umjetnosti. Premda se to stajalište u nekoj mjeri svakako može obrazloženo braniti, ono nosi kako praktične, tako i teoretske opasnosti: praktično ono vodi oslanjanju na citate koje lako može postati manirom izbjegavanja svakog samostalnog mišljenja, a teoretski ono lako vodi do zatvaranja marksizma u sustav znanja, u sustav koji sva bitna pitanja smatra riješenim i koji poziva jedino na „usvajanje" već postojećeg znanja. Drugo je stajalište da Marxove i Engelsove izjave o umjetnosti treba uzeti samo uvjetno. Kako ni Marx ni Engels nisu napisali ni jedno djelo posvećeno isključivo problematici umjetnosti, kako među njihovim izjavama često nema pune suglasnosti i kako se one razlikuju i po razini i po tematici, marksističko shvaćanje umjetnosti — smatra se u tom okviru — mora se oslanjati isključivo na cjelinu Marxove filozofije. Marksistička filozofija umjetnosti ne može se oslanjati na iskaze koji pripadaju uglavnom povijesti književnosti, književnoj kritici ili na ilustracijama nekih teza koje se umjetnošću služe samo kao primjerom. Premda ovo stajalište s pravom inzistira na „duhu" umjesto na „slovu" marksizma, ipak i ono sadrži određene teškoće i opasnosti. Strogo uzevši, ono može voditi do toga da se u izlaganju cjeline izgube elementi koji tu cjelinu izgrađuju i da se tako u samom tumačenju izgubi ono što smo počeli tumačiti. Rekli bismo usporedbom: ako prvo stajalište od drveća ne vidi šumu, drugo lako šumom proglašava i cjelinu od koje su ostala tek tri drveta i nekoliko grmova.

Drugačije rečeno, pokušaj rekonstrukcije Marxovog i Engelsovog shvaćanja umjetnosti na temelju nekog izbora i „slaganja" njihovih tekstova u kojima se izravno ili posredno govori o umjetnosti do te se mjere sukobljava s problemom važnih i nevažnih sudova, analiza i ocjena da se krajnji zaključci vrlo lako svode na „preduvjerenja". Spomenute krajnosti tako je lako razabrati već u samom pristupu: već samo nizanje i razvrstavanje izabranih odlomaka — kakvo je napravio, na primjer, Mihail Livšic[1] — svjedoči o stavu prema kojem je manje-više sve važno što su osnivači marksizma izrekli o umjetnosti, a s druge strane, tumačenje, koje uzima u obzir samo nekoliko glavnih ideja — kakvo, na primjer, preteže kod Herberta Marcusea[2] — upozorava kako se marksistička filozofija umjetnosti može osloniti jedino na neke — u pravilu samo Marxove — tekstove i kako je, prema tome, najveći broj Marxovih, kao i gotovo svi Engelsovi tekstovi o umjetnosti od male, ili nikakve, važnosti za rekonstrukciju cjeline njihovih pogleda na umjetnost. Interpretacije koje idu, tako reći, redak po redak, odlomak po odlomak — kakva je, na primjer, ona Stefana Morawskog[3] — tako se neminovno

---

[1] Karl Marx — Friedrich Engels: *O umetnosti i književnosti. Izbor iz njihovih spisa. Tekstove izabrao Mihail Livšic*, Beograd, 1960.

[2] Usp., npr., Herbert Marcuse: *Estetska dimenzija*, Zagreb, 1981.

[3] Stefan Morawski: *Marksizam i estetika*, I, II, Titograd, 1980.

gube u sporednim analizama, a razvijanja neke osnovne ideje, koja se smatra odlučujućom, mogu, doduše, biti veoma korisna, ali se ne mogu shvatiti kao pokušaj rekonstrukcije Marxova i Engelsova shvaćanja umjetnosti jer je njihov izbor tekstova do te mjere ograničen da cijeli posao naprosto ima neku drugu svrhu.[4]

Time, naravno, nije rečeno da ovaj posljednji postupak nema opravdanja i da upravo pokušaji ponovne interpretacije cjeline Marxovih i Engelsovih ideja o umjetnosti, bez obzira na količinu tekstova koja je pri tome uzeta u obzir, nisu, ili bar ne mogu biti od velike vrijednosti za problematiku koja želi utvrditi polazište neke marksističke filozofije umjetnosti. Rečeno je samo da iako svaki pokušaj razumijevanja Marxovih i Engelsovih tekstova o umjetnosti mora poći od cjeline njihovih učenja, on ne može ostati na razini općih sudova ako želi i rekonstruirati njihovo shvaćanje umjetnosti. Svaki pokušaj rekonstrukcije Marxova i Engelsova učenja o umjetnosti do te je mjere otežan karakterom tih tekstova i brojnošću naknadnih interpretacija — koje više nitko ne može naprosto mimoići — da je postalo uvelike sporno može li se uopće danas još govoriti o „rekonstrukciji". Problem razumijevanja Marxovih i Engelsovih tekstova posvećenih umjetnosti tako se neminovno širi i zahvaća najprije čak i problem samog pristupa tim tekstovima.

---

[4] Mnoga Adornova ili Blochova djela, npr., svakako su inspirirana Marxovim shvaćanjem umjetnosti, ali se ona, smatram, ne mogu shvatiti kao rekonstrukcija i interpretacija svih Marxovih i Engelsovih tekstova o umjetnosti, nego kao razvijanje nekih Marxovih ideja i njihovo izvođenje u smislu izgrađivanja vlastite, marksistički orijentirane koncepcije umjetnosti. Ona su tako, bez sumnje, izuzetno vrijedan prilog razvoju marksističkog shvaćanja umjetnosti, ali je njihova tematika naprosto drugačija od tematike interpretacije Marxovih i Engelsovih tekstova o umjetnosti.

2.

Teškoće u interpretaciji Marxova i Engelsova shvaćanja umjetnosti proizlaze, prije svega, iz načina kako valja postaviti i sâm problem odnosa dijelova i cjeline, problem na koji upozorava filozofska hermeneutika. Nema, naime, nikakve sumnje da se pokušaj razumijevanja neke tematske cjeline — nazovimo je ovdje „problematikom umjetnosti" — mora osloniti upravo na one tekstove koji o toj temi izričito govore, ali, isto tako, nema sumnje da neki sasvim formalni kriterij — na primjer, činjenica da se spominje riječ „umjetnost" — ne može zadovoljiti jer se riječ „umjetnost" može spominjati i sasvim suprotno, onda kada se, zapravo, govori o sasvim drugim temama, odnosno problemima. Jasno je, također, da ono što nazivamo „problematikom umjetnosti" nije nikakvo strogo ograničeno tematsko područje, odnosno da se o problematici umjetnosti nipošto ne mora uvijek i u svakom slučaju govoriti tako da se pretpostavlja neko relativno izdvojeno područje, na primjer, tzv. carstvo umjetničkih djela, ili jedna određena vrsta djelatnosti koju nazivamo „umjetnost" i koja se može razlikovati od tehnike ili od filozofije, od znanosti, od politike ili od religije, na primjer. Osim toga, baš svaki govor na temu umjetnosti ne mora odmah biti shvaćen kao relevantan govor o umjetnosti; lako je moguće da se povodom umjetnosti govori, doduše, i o prirodi umjetnosti, ali da svrha tog govora nije iskazivanje bilo kakvih stavova koji bi važili kao objašnjenje bilo kako široko shvaćene prirode umjetnosti. Pitanje svrhe govora tako se ne može izbjeći u pokušaju tumačenja, a svrha koja ujedinjuje tekstove oko jedne teme, oko problematike umjetnosti u našem slučaju, morala bi se opet odrediti upravo na temelju razumijevanja pojedinih tekstova jer u suprotnom lako zapadamo u „nasilje" nad smislom cjeline. Neko pred-razumijevanje svih Marxovih i

Engelsovih tekstova koji govore o umjetnosti uvjetuje stoga izbor onoga što ćemo smatrati njihovim relevantnim tekstovima o umjetnosti, ali je svakako nužno da najprije odredimo kako se takvo pred-razumijevanje može opravdati da ne bi postalo naprosto predrasudom.

Neosporno je, valja to ponovno naglasiti, da okvirno razumijevanje smisla Marxova i Engelsova učenja u cjelini čini najvažnije uporište razumijevanja i onih njihovih tekstova koji se odnose na umjetnost. Jasno je da upravo tu dolazi do najvećih razmimoilaženja i da izbor relevantnih tekstova o umjetnosti, odnosno izbor svrsishodnih tekstova na temelju kojih se može suditi o tome što su oni mislili o umjetnosti, u najvećoj mogućoj mjeri ovisi upravo od toga. Smatramo li, na primjer, da marksizam bitno određuje učenje o odnosu osnovice i nadgradnje i o klasnoj borbi, izabrat ćemo drukčije tekstove za potvrdu svojih stavova nego ako smatramo da marksizam bitno određuje, na primjer, teorija otuđenja. Problem ipak nije jednostavan, jer ako isključimo zbog ovih ili onih vanjskih razloga unaprijed dirigirane interpretacije, svaki ozbiljan pokušaj mora uključiti *sve* dimenzije problematike o kojoj su Marx i Engels uopće pisali. Okvirna interpretacija uvijek služi samo kao uputstvo kako valja tumačiti i one tekstove koje nismo odredili kao temeljne iskaze i potvrdu za vlastitu tezu, ali ipak dopuštamo da i oni mogu imati neku važnost u razumijevanju cjeline. Ne mora se tako raditi o svjesnom i nesvjesnom prešućivanju, ali je uvijek riječ o procjeni konsultativnih elemenata od kojih gradimo smislenu cjelinu, a takva se procjena mora obrazložiti i u svojevrsnom „povratku" na tumačenje svih pojedinačnih dijelova od kojih smo uopće gradili cjelinu. To će reći: neka okvirna koncepcija marksizma mora voditi izbor relevantnih Marxovih i Engelsovih tekstova o umjetnosti, ali se takva koncepcija mora oslanjati i na analizu svega onoga što je neposredno rečeno. Pred-razumijevanje može i mora služiti razumijevanju, ali ga ne može zamijeniti: Marxovi i Engelsovi tekstovi o umjetnosti ne čine strukturu sastavljenu od elemenata čije je značenje već unaprijed poznato; značenje svakog elementa valja tumačiti, pa tumačenje cjeline proizlazi iz tumačenja svih pojedinačnih elemenata i njihovih uzajamnih odnosa. Strogo rečeno, Marxovo i Engelsovo shvaćanje umjetnosti uopće se ne može rekonstruirati: ono se može jedino *protumačiti* na temelju tumačenja kako cjeline njihova učenja, tako i onih pojedinosti o kojima oni govore povodom umjetnosti.

I tako shvaćen pokušaj razumijevanja Marxovih i Engelsovih tekstova o umjetnosti, međutim, susreće se s teškoćama zbog raznovrsnosti tekstualne građe koja se može upotrijebiti u interpretaciji. Teškoće, naime, rastu zbog toga što je riječ o brojnim i raznovrsnim djelima dva čovjeka; valjalo bi, dakle, pretpostaviti ne samo da opus svakoga od njih čini relativno koherentnu smislenu cjelinu nego i da njihova dva cjelovita opusa, uzeta zajedno, ponovno čine dovoljno koherentnu cjelinu da se ona može tumačiti kao *jedna* cjelina. S tog aspekta odmah se nameću neke mogućnosti koje se u suvremenim interpretacijama najčešće i pojavljuju: opus Marxa i opus Engelsa mogu se, recimo, razmatrati odvojeno, a može se, također, ustvrditi da ni sva djela jednoga od njih, ili, pak, obojice, ne valja promatrati kao jedinstvenu cjelinu. Govori se tako o „mladom" i „starom" Marxu, Marxov i Engelsov opus mogu se „odvojiti", a mogu se praviti i razne kombinacije, kao što se može i tvrditi da svi njihovi napisi nipošto nisu istog ranga jer očigledno nisu iste namjene.[5]

---

[5] Razlike između „mladog" i „starog" Marxa, kao i razlike između Marxa i Engelsa, uglavnom se samo posredno odnose na shvaćanje umjetnosti, pa ih ovdje ne možemo posebno obrađivati. Ipak, valja napomenuti da je Engels očito više sklon realističkoj književnosti svoga vremena,

Neće biti ovdje potrebno da svaku od navede-
nih kombinacija razmotrimo ponaosob, jer iako nema
razlika da se one unaprijed odbace, ipak se za pro-
blematiku umjetnosti u marksizmu čini da je naj-
važnije pokušati interpretaciju njihovih *zajedničkih*
stavova. Ukazivanje na ostale mogućnosti stoga
ovdje služi samo da upozorimo kako je tumačenje
njihovih zajedničkih stavova, tako reći, prisiljeno
da naglasi koherenciju koja mora biti takve vrste
da njihove razlike — razlike u njihovim fazama ili
razlike u njihovim pojedinim djelima — dolaze u
drugi plan. A da bi to bilo moguće, nužno je pret-
hodno razvrstavanje njihovih tekstova posvećenih
umjetnosti jer nas kategorija opusa, uzeta kao nešto
što se samo po sebi razumije, ne može zadovoljiti.
To će reći da moramo, prije svega, pitati: Na koji
način Marx i Engels govore o umjetnosti? Kakve
su vrste njihovi tekstovi o umjetnosti? Koje je vrste
njihov govor o umjetnosti? O kojim problemima
povodom umjetnosti oni najviše govore, koje umjet-
nosti spominju i kojim povodima?[6]

Način, naime, na koji Marx i Engels govore o
umjetnosti mora se odrediti da bismo znali kako se
prema njihovim tekstovima uopće možemo odnositi.
O umjetnosti se, svakako, može govoriti s aspekta
svakodnevice i s aspekta filozofije, s aspekta po-
jedinih znanosti koje utvrđuju zakonitosti umjet-

---

dok Marx najviše cijeni klasike, pa te razlike u ukusima
u nekoj mjeri svakako djeluju i na njihovo shvaćanje
umjetnosti, barem što se tiče izbora relevantnih umjetničkih
djela i kritičkih ocjena.

[6] Okvirno razvrstavanje Marxovih i Engelsovih tek-
stova s obzirom na takva pitanja poduzeo sam u radu
Klasici marksizma i književna kritika, u knjizi *Književna
kritika i filozofija književnosti*, Zagreb, 1976, objavljena
također u knjizi *Književna kritika i marksizam*, Beograd,
1971. Slijedeće razmatranje nastavlja i s nešto drugačijeg
aspekta oblikuje okvirne teze koje su već tamo zacrtane,
premda je zbog namjene ovog rada okosnica cjelokupnog
tumačenja ovdje drugačija.

15

ničke proizvodnje ili recepcije, s aspekta kritike koja ocjenjuje pojedina umjetnička djela, s aspekta politike ili s aspekta religije — da ne nabrajamo dalje. Naravno da se ti aspekti ispreplići i upotpunjuju, premda se ponekad mogu i isključivati, ali je neka orijentacija u njima neminovna jer se različiti načini govora o umjetnosti ne mogu naprosto „zbrajati"; ono što je važno s jednog aspekta, ne mora biti važno i s drugog aspekta, pa ako su gotovo svi aspekti prisutni, izbor onoga što je važno, a što nevažno, naprosto se ne može učiniti na jednoj te istoj ravnini, da tako kažemo. Stoga za izbor i tumačenje Marxovih i Engelsovih tekstova o umjetnosti nije nevažno ako najprije pokušamo logički negativno odrediti: Marx i Engels ne govore o umjetnosti s aspekta filozofske, odnosno znanstvene estetike. Oni ne obrađuju tematski i sustavno područje umjetnosti, niti žele zaokružiti neku teoriju pojedine umjetnosti; oni govore o umjetnosti izvan uže zacrtanih okvira i bez obzira na potrebu da usklade sve pojedinačne probleme umjetnosti s vlastitim filozofskim ili političkim stajalištem. To će reći da se, s obzirom na način na koji govore o umjetnosti, njihovi tekstovi mogu klasificirati prema nekim problemima mnogo bolje nego prema područjima ili eventualnim rješenjima. A s tog aspekta mogu se onda odrediti tri problemska kruga koji se, naravno, međusobno djelomično i pokrivaju: 1. pitanja prirode umjetnosti koja su najuže povezana s određenjem prirode čovjeka, 2. problemi odnosa umjetnosti i društva na koje se izravno nadovezuju problemi razvoja umjetnosti, odnosno položaja umjetnosti u različitim povijesnim epohama i 3. kritičke ocjene i analize pojedinih književnih djela.

Što se, pak, tiče vrste tekstova s obzirom na njihovu važnost u tumačenju općih stavova o umjetnosti, mogu se uvjetno razlikovati: 1. filozofski tekstovi, 2. književnokritički tekstovi i 3. tekstovi u kojima umjetnost služi jedino kao primjer za analizu ili dokazivanje nekih stavova koji se inače ne tiču izravno problematike umjetnosti. Ako prva klasifikacija govori kako okvirno možemo shvatiti sve tekstove, ova druga upozorava i na različite razine razmatranja, pa prema tome i na potrebu da se neki tekstovi ako već ne i potpuno isključe, a ono da se okvirno, unaprijed, odredi njihov položaj. Tekstovi treće grupe tako očito ne mogu biti presudni, oni ne mogu „nositi" interpretaciju, a između tekstova dvije ostale grupe postoji određena razlika u „žanru". Tu razliku ne treba precjenjivati, ali njeno zanemarivanje može proizaći jedino iz preduvjerenja da je filozofska estetika preduvjet svakog kritičkog suda, pa da onda, prema tome, važi i obrnuto: da svaki kritički sud odmah svjedoči o filozofskom stavu koji ne samo da mu je u „pozadini" nego ga izravno utemeljuje. Čini se da mnogi nesporazumi proizlaze iz takva preduvjerenja kakvo se nipošto ne može razabrati iz tumačenja Marxovih i Engelsovih tekstova: ako važi teza naše prve klasifikacije, teza da Marx i Engels ne govore o umjetnosti sa stajališta filozofsko-znanstvene estetike, onda ne možemo zahtijevati nikakav odnos subordinacije književnokritičkih i općefilozofskih sudova, što će reći da njihove kritičke analize i ocjene imaju, u najmanju ruku, istu mjeru relativne samostalnosti kao i njihovi iskazi o nizu praktičnih pitanja, pitanja koja se odnose, recimo, na procjenu etičkih karaktera njihovih prijatelja i znanaca, privatnih okolnosti njihova života i slično.

I treći aspekt o kojem treba voditi računa odnosi se najprije na činjenicu da svi tekstovi Marxa i Engelsa nisu objavljeni, niti su napisani zato da budu objavljeni, a zatim i na činjenicu da se gotovo svi kritički zapisi odnose na književnost, a da se o umjetnosti u filozofskim tekstovima govori samo kao o ljudskoj djelatnosti, ne ulazeći u problematiku pojedinih umjetnosti. To sve može biti od znatne važnosti za procjenu stanovitih paradigmi koje se mogu upotrebiti u tumačenju. Dakako da objavljivanje ne mora važiti kao neki kriterij relevancije, a da zastupljenost primjera iz književnosti proizlazi uglavnom iz okolnosti što obojica bijahu vrsni poznavaoci, ljubitelji, pa čak i autori književnih djela, ali u tumačenju njihovih tekstova ni ti aspekti se ne smiju sasvim zanemariti, štoviše, na temelju ovog posljednjeg može se relativno samostalno tretirati i problematika Marxova i Engelsova odnosa jedino prema književnosti.[7]

Ovaj opis Marxovih i Engelsovih tekstova o umjetnosti, naravno, ne može se obrazložiti izvan okvira tumačenja njihova smisla, ali on u izlaganju prethodi tumačenju naprosto zato što uvjetuje prethodni izbor i uočavanje onih dijelova koji će imati ulogu elemenata u cjelini, pa i uočavanje značenja koje će pojedini dijelovi uopće moći imati u značenju cjeline. Na temelju njega tako biva jasno da prednost dajemo cjelovitijim tekstovima koji se odnose na prirodu umjetnosti, na odnos umjetnosti i društva, na položaj umjetnosti u povijesti, i da okvirna interpretacija mora barem započeti od glavnine relevantnih tekstova, što će reći od onih tekstova u kojima se izravno razabire pitanje, rekli bismo sada, sudbine umjetnosti u povijesti.

3.

O umjetnosti Marx i Engels redovno govore kada opisuju, kada objašnjavaju ili kada tumače povijesna zbivanja, što će reći da se s problemom umjetnosti „susreću" uglavnom u okvirima napora oko izgradnje, utvrđivanja i eksplikacije vlastite koncepcije povijesti. Umjetnička djelatnost, proiz-

---

[7] Usp. u tom smislu knjigu Petera Demetza *Marx, Engles und die Dichter*, Stuttgart, 1959, kao i izbor Svete Lukića pod naslovom: Marks i Engels: *O književnosti*, Beograd, 1973.

vodnja i recepcija umjetničkih djela, kao i važnost umjetnosti u ljudskoj povijesti, za njih su stoga, prije svega, problemi koje valja postaviti, pa eventualno i razraditi, sa stajališta historijskog materijalizma; posebnu pažnju oni tako posvećuju odnosima koji se mogu uspostaviti između umjetnosti i društva, društva koje je shvaćeno kao struktura koja se zakonito mijenja u vremenu. Njihova zapažanja, međutim, ne mogu se svesti na traženje analogija između ekonomije i umjetnosti, na primjer, naprosto zato što je njihova koncepcija povijesti šira od istraživanja koje traži djelatne uzroke povijesnih promjena, od istraživanja, naime, koje jedino želi odgovoriti na pitanje što je „pokretač" povijesti. Ne može se, doduše, odreći da njih zanima i takva problematika, problematika kojom se danas bavi povijesna znanost i dijakronijska sociologija umjetnosti, ali se njihovo interesovanje za povijesne promjene ne iscrpljuje u onome što bi se danas moglo nazvati „dijakronijskom perspektivom"; povijesni razvoj umjetnosti i odnosi između umjetničkih djela i njihove socijalne „pozadine" samo su jedan mali dio cjelovite problematike umjetnosti koja se u njihovim tekstovima bilo posredno naslućuje bilo, pak, izravno pokušava obraditi. A ta cjelovita problematika ne proizlazi samo iz njihova „smisla" za umjetnost, iz njihova razumijevanja umjetničkih djela, iz njihova ukusa ili iz njihova poštivanja relativne samostalnosti umjetnosti — premda osobito Engels često govori i u tom smislu — nego proizlazi iz njihove koncepcije povijesti.

Povijesna dimenzija, naime, u kojoj Marx i Engels razmatraju problematiku umjetnosti, prije svega, ne može se razumjeti s aspekta metodološke dijakronije. U dijakroniji se strogo razvijaju i suprotstavljaju povijesti kao prošlost i suvremenost kao sadašnjost koja je zamišljena, zapravo, kao bezvremenska vječnost sinkronije, kao istovremeno postojanje onoga što je bit, što je vječna osnovna struktura i prirode i društva. Zbog toga Marxov i Engelsov „historizam" nije nikakvo metodološko uputstvo za analizu umjetnosti; u tome se njihovo stajalište razlikuje, na primjer, od književnoznanstvenog pozitivizma ako ičim a ono time što njihova koncepcija povijesti želi zadržati svu problemsku širinu filozofije povijesti; njihova koncepcija ne zadovoljava se time da pretpostavi kako je povijest spoznata čim je obrađena kao svijet relevantnih činjenica, ne zadovoljava se time da umjetnost objašnjava unaprijed već objašnjenom poviješću. Marx i Engels žele da se i problematika povijesti i problematika umjetnosti iznova postave na nov način.[8]

Takvo novo postavljanje problema omogućila je zamisao povijesti kaja nije shvaćena samo kao prošlost koja se već odigrala, tako reći, pred očima teoretičara, filozofa povijesti ili historičara. Povijest je za Marxa i Engelsa zbivanje koje uključuje sve vremenske dimenzije, zbivanje koje se može iskusiti jedino aktivnošću. A da se takva koncepcija povijesti odredi i obrazloži, bilo je neophodno da se i sama koncepcija povijesti utemelji u problematici koja je šira ne samo od problematike metodologije povijesnoznanstvenog istraživanja nego i od filozofije povijesti, od takve filozofije kakvu je tradicionalno povijest zamišljala svagda kao svrhovito djelovanje, kao djelovanje kojem je cilj unaprijed poznat, pa u razmatranju povijesti možemo pretpostaviti natpovijesnu dimenziju, dimenziju vječnosti, odnosno dimenznju sinkronije. Ako smo uvijek u povijesti, svaka je sinkronija ujedno dijakronija, a svaka dijakronija ujedno sinkronija, ali to onda znači da ni o čemu u povijesti ne možemo suditi pouzdano, da smo prisiljeni na relativizam, da smo primorani na vječitu sumnju i da svaki pokušaj objašnjavanja naprosto

---

[8] Usp. o tome moju interpretaciju jednog Marxova teksta u radu *Ideja marksističke povijesti književnosti*, u navedenoj knjizi *Književna kritika i filozofija književnosti*.

nema smisla jer se ništa ne može konačno objasniti. A ako se ništa ne može objasniti u prošlosti, ništa se ne može sigurno znati ni o sadašnjosti; rječju: valja „dići ruke od svega" i prepustiti se skepticizmu poput antičkog Pirona koji je odbio da govori i onda kada je brod na kojem je putovao počeo tonuti.[9]

Razmišljanje o povijesti koje ne računa unaprijed s ciljem povijesti kao onim vidokrugom s kojeg bi se moglo sagledati „što se zapravo dogodilo" tako mora promijeniti čak i samu ideju čovjeka kao teoretičara, čovjeka kao promatrača. I Marx je upravo to učinio: pokušao je filozofiju povijesti utemeljiti na novoj ideji čovjeka, odnosno, što je, zapravo, isto gledano s drugog aspekta, njegova nova koncepcija povijesti tražila je drugačiju filozofsku antropologiju, drugačije viđenje čovjeka i njegovih mogućnosti u povijesti.[10]

Tako Marxova koncepcija povijesti — koju je i Engels prihvatio[11] — zahtijeva da se čovjek odredi

---

[9] Tu sam problematiku pokušao razviti u knjizi *Uvod u filozofiju književnosti*, Zagreb, 1978, posebno u glavama *Hegelov pojam književnosti* i *Povijest književnosti*.

[10] Naziv „filozofska antropologija" ovdje je uzet uvjetno jer se, smatram, može uvjerljivo pokazati da je Marxovo shvaćanje čovjeka šire od tradicionalnih određenja u okvirima filozofske antropologije. Ipak, s obzirom na tematiku koja preteže u nekim tekstovima o umjetnosti, naziv „filozofska antropologija" može poslužiti kao orijentacija u razvrstavanju tekstova i problema.

[11] Mislim da valja upozoriti kako se u Engelsovim tekstovima prilično često pretjerano naglašava samo ona dimenzija povijesnog razvoja koja uzima u obzir jedino odnos ekonomske osnovice i nadgradnje, pa se njegovi tekstovi mogu lakše tumačiti u smislu neke varijante historizma ili, na našem području, književnoznanstvenog pozitivizma, no što je to slučaj kod Marxa, gdje je redovno izrazitije prisutna dijalektika napredovanja i nazadovanja, odnosno ideja otuđenja i obrata u revoluciji. Ipak, Engels je prihvatio Marxove osnovne teze i bilo bi, smatram, pretjerano reći kako ih nije razumio; riječ je, smatram, jedino o tome da ih je on interpretirao — ili, ako hoćemo tako reći, primjenjivao — na svoj način, u skladu s vlastitim idejama koje je, dakako, također prirodno „ugrađivao" u pojedine analize i objašnjavanja.

kao praktično biće i da se istakne društveni karakter ljudske akcije i društvena uvjetovanost onih odluka koje su presudne za pokušaj procjene povijesnih zbivanja. Kako pri tome postoji opasnost puke zamjene apstraktnih određenja, kako postoji opasnost da se naprosto umjesto „teoretičar" kaže „praktičar", pa se misliocu suprotstavi čovjek koji djeluje bez razmišljanja i tako, zapravo, ne odlučuje ništa jer odlučuje bezrazložno, Marx naglašava društveni karakter prakse i društveno biće čovjeka shvaća kao temelj na kojem se određuje svijest. Umjetnost time ulazi u sferu ideologije, ali se ideološka djelatnost mora opet „rascijepiti" kako bismo dobili uporište procjene: ideologija je nadgradnja, ali ona djeluje na osnovicu, pa se, recimo, ekonomska osnova ponovo može procijeniti kao stvarnost koja je ljudskom biću neprimjerena, koja ga unizuje i koja ga čini nečim što je ispod ljudskog dostojanstva. Čovjek nije „ekonomska životinja", pa ako želimo u povijesti procijeniti značenje ekonomije, moramo pronaći uporište u kojem se može negativno ocijeniti upravo ono što čini aktuelnu društvenu osnovicu. Takvo je uporište pronađeno u ideji revolucije.

Zamisao društvene revolucije stoga Marxu i Engelsu služi kao uporište analize povijesnih zbivanja, analize koja time dobiva mogućnost da se osloni i na dimenziju budućnosti.[12] A što se, pak, tiče osobito umjetnosti, u tom smislu problematika umjetnosti u povijesti, kao i problematika razvoja umjetnosti, a također i problematika praćenja umjetničkih fenomena u vremenu, postaje problematikom *sudbine* umjetnosti u povijesti, što će reći sudbine umjetnosti u prošlosti, sadašnjosti i u budućnosti. Temelj analize položaja umjetnosti u sadašnjosti tako pri-

---

[12] Kako je Ernst Bloch autor koji je tu problematiku najbolje obradio i u aspektu shvaćanja umjetnosti, upozorio bih ovdje na njegove tekstove u knjizi O *umjetnosti. Izabrani tekstovi*, Zagreb, 1981.

rodno postaje teorija otuđenja čovjeka u građanskom društvu, ali, kako se ni ovdje razmatranje ne može ograničiti samo na jednu epohu, ma kako ona bila važna i presudna za shvaćanje suvremenosti, *problem* umjetnosti zahvaća čitavu poznatu prošlost i onu budućnost koja se može zamisliti jedino kao *smisao* prošlosti. Što je s umjetnošću u komunizmu? — tako postaje za Marxa i Engelsa presudnim pitanjem, pitanjem na koje se ne može odgovoriti analizom jer se nema što analizirati, budući da komunizma još nema, pa je pitanje sudbine umjetnosti, zapravo, u svojoj odlučujućoj dimenziji *otvoreno*. A da je ipak baš to pitanje presudno za razumijevanje Marxovih i Engelsovih tekstova o umjetnosti, to se može dokazati time što se odluka o tome što umjetnost jest ne može donijeti na temelju samo onoga što je umjetnost bila, pa čak ni na temelju samo onoga što ona danas za nas jeste. Ako je povijest zbivanje u vremenu „izvan" kojeg se ne možemo postaviti, ako ona sadrži prošlost, sadašnjost i budućnost kao takve elemente kakvi se nikako ne smiju zanemariti, ako samo kretanje unutar svih tih dimenzija može otkriti što je istina povijesnih pojava. onda na pitanje: Što je umjetnost? nema odgovora sve dok ne kažemo što umjetnost može biti u budućnosti. Tako je na prvi pogled apstraktno, spekulativno, bespredmetno i neznanstveno pitanje o budućnosti umjetnosti, zapravo, ono odlučujuće pitanje koje presudno usmjerava odgovore na sva druga znanstvena i konkretna, filozofsko-povijesna ili umjetničko-kritička pitanja.

Naravno, kako je pitanje o tome što umjetnost može biti nužno otvoreno jer umjetnost sutra može i ne biti, ne valja od Marxovih i Engelsovih tekstova o umjetnosti očekivati pozitivnu ili negativnu utopiju. Ne može se, doduše, poreći da su i neki elementi utopizma ponekad prisutni, osobito u njihovim ranijim djelima, ali ti elementi ne upravljaju bitno njihovu koncepciju. Neka zamisao doslovne

„slike" umjetnosti u komunizmu protuslovi, naime, ideji koju je Marx uvijek iznova naglašavao, ideji da se budućnost mora temeljiti na shvaćanju prošlosti i sadašnjosti, da čovječanstvo sebi nikad ne zadaje ciljeve koje ne može ostvariti. Filozofska analiza tako uvijek obrađuje prošlost i sadašnjost, ona se osniva i potvrđuje na prošlosti i sadašnjosti, ali njena orijentacija uvijek proizlazi iz moguće budućnosti. Marx tako o umjetnosti govori, možda, najbolje kada analizira fenomen otuđenja čovjeka. Mogućnost slobodne proizvodnje tada je njegova ideja vodilja; to je ona odluka na temelju koje se može reći da čovjek nije ono što se čini da jeste, da čovjek nije „ekonomska životinja", da nije naprosto radnik i da, isto tako, nije vlasnik. Na temelju takve odluke se može ustvrditi da umjetnost nije ono što građanin misli da ona jeste, da nije zabava i razbibriga, da nije odmor od ozbiljnog posla, da nije neozbiljna igra kao suprotnost ozbiljnom proizvodnom radu, ali da ona, isto tako, nije ni neka djelatnost koja bi se zbivala neovisno od svega što čini stvarni život, život otuđena građanina i njegova carstva roba u kojem ekonomija uvjetuje ideologiju.

4.

Ako teoriju otuđenja, kritiku građanskog društva i zamisao revolucije kao obrata na osnovu kojeg valja razumjeti cjelinu povijesti shvatimo kao temeljne ideje vodilje, a problematiku umjetnosti u povijesti i odnosa umjetnosti i društva kao najvažnije teme Marxovih i Engelsovih iskaza o umjetnosti, neka se osnovna orijentacija u odnosu prema umjetnosti može razabrati i pored svih razlika u namjeni, u načinu govora i u neposredno obrađivanoj problematici pojedinih tekstova. Ta se orijentacija nazire prije svega u samom izboru: neće biti slučajno ni nevažno što i Marx i Engels biraju upravo primjere iz umjetnosti kada žele objašnjavati razlike u povijesnim epohama i kada naglašavaju degradaciju čovjeka koja proizlazi iz društvene nejednakosti. I samo prema tome može se zaključiti da umjetnost za njih ima, tako rekavši, dvostruku funkciju: s jedne strane, ona izražava stanje društvenog života, ona govori o tome što i kako jeste čovjek u nekom povijesnom razdoblju, a s druge strane, ona je simbol stvarno slobodne djelatnosti, ona je „obrnuta strana" otuđenog rada i otuđene stvarnosti, ona je primjer koji omogućuje da se govori o istinskoj ljudskoj proizvodnji, o slobodnoj djelatnosti, o ljudskom društvenom biću koje nije „prikriveno" i „uniženo" vladajućim shvaćanjem čovjeka kao ekonomske životinje. Ova dvostrukost, dakako, i otežava tumačenje jer se umjetnost, s jedne strane, ne može izdvojiti iz kruga ideologije, jer ona slijedi podjelu rada i uvjetovana je vladajućim idejama, jer je ona klasno određena i jer nipošto ne može biti izuzeta iz opće analize društvenih zbivanja, ali je ona, također, s druge strane gledano, kao slobodna djelatnost apsolutno suprotstavljena radu, ona kao opreka neslobodnoj djelatnosti sadrži i onu dimenziju koja je iskonska, koja pripada čovjeku kao društvenom biću; ona sadrži dimenziju koja je vidljiva samo u opreci prema cjelokupnom društvenom razvoju u poznatoj nam povijesti, dimenziju koja je dostupna jedino u analizi pretpovijesti s jedne, a komunizma s druge strane. Za analizu fenomena umjetnosti stoga je potrebna dijalektika koja se neprestano kreće na rubu opasnosti da prirodi umjetnosti imanentno protuslovlje ne uspije pomiriti, na rubu opasnosti da istakne samo antiteze koje vode bilo u potcjenjivanje bilo u precjenjivanje, bilo u degradaciju umjetnosti na epifenomen ekonomskog razvoja, bilo u njenu apologiju koja zaboravlja da umjetnost ne može zamijeniti proizvodnju života, da je ona simbol slobodne djelatnosti ali da nipošto nije, niti može biti, slobodna ljudska djelatnost sâma.

Valja odmah reći da se nipošto ne može očekivati da se u svakom Marxovom ili Engelsovom tekstu mogu lako razabrati obje ove dimenzije, da u njihovim izjavama i analizama ne dolazi do takvog naglašavanja samo jednog aspekta prirode umjetnosti kakvo, uzeto samo za sebe, vodi tumačenje isključivo u jednom pravcu. Marxovi tekstovi iz *Ekonomsko-filozofskih rukopisa* tako sigurno naglašavaju isključivo proizvodni i neotuđeni karakter umjetnosti, a neki dijelovi iz *Njemačke ideologije* njenu otuđenu, ekonomskim razvojem određenu dimenziju; mnogi tekstovi, koji se tematski bave odnosom umjetnosti i društva, naglašavaju tako uglavnom samo ideološki karakter umjetnosti, a kada se spominje umjetnost u komunizmu, ističe se uglavnom samo njenu funkciju izvorne ljudske djelatnosti. Ipak, u cjelini gledano, na dvostruki karakter umjetnosti upozoravaju kako neki tekstovi uzeti sami za sebe, tako još i više činjenica da ni očito jednostrano akcentirani tekstovi ne teže apsolutizaciji, nego sadrže mogućnost interpretacije koja je, u pravilu, mnogo šira od bilo kako shvaćene mimetičke koncepcije umjetnosti.[13] Svi tekstovi Marxa i Engelsa o umjetnosti se nikako ne mogu tako „složiti" da čine jednu jedinstvenu, neprotuslovnu koncepciju naprosto zbog toga što uvijek „obrađuju" protuslovlje; oni se samo mogu tumačiti kao dijelovi, kao elementi izgradnje takve misaone kon-

---

[13] Engelsovi stavovi o tome da nadgradnja djeluje na osnovicu i da se valja čuvati pojednostavljivanja u analizi načina na koji književnost izražava društvenu stvarnost mogu se, dakako, tumačiti i kao „korekcija" mimetičke teorije umjetnosti, ali se oni, smatram, mogu tumačiti i u skladu s ovdje naznačenom interpretacijom prema kojoj se odnose samo na jednu „stranu", na jedan element razumijevanja književnosti, što mimetičku koncepciju dovodi u pitanje ako se ona razumijeva kao cjelokupna filozofska teorija umjetnosti.

cepcije koju bitno određuje misaono kretanje u protuslovlju.

Naravno da pri tome postoji uvijek opasnost da sve njihove iskaze naprosto precijenimo, da ne uzmemo u obzir kako je riječ o tekstovima koji, prirodno, nisu uvijek na istoj misaonoj razini jer, naprosto, nisu napisani s istim svrhama. Ni jedinstvenost njihove okvirne koncepcije, također, ne smije se shvatiti u tom smislu da se zaborave i prirodne razlike; pojam jedinstvenog opusa može lako upravo marksiste zavesti na interpretaciju kojoj manjka kritičnost. To je posebno vidljivo u relativno brojnim kritičkim ocjenama, koje su zbog prirode takvih tekstova u velikoj mjeri uvjetovane i osobnim ukusom ili neposrednim okolnostima njihova nastanka. Braniti svaki Engelsov ili Marxov sud o pojedinom književnom djelu svakako bi najviše štetilo isticanju suvremenosti njihova mišljenja o umjetnosti, jer je upravo u sudovima ukusa utjecaj efemernih okolnosti relativno najveći i nitko mu se ne može oteti. Lako je pokazati da se neke Marxove i Engelsove ocjene nisu održale i da u njima često preteže naglašavanje ne odviše važnih osobitosti djela.[14] Ipak, jedna važna dimenzija razumijevanja i takvih Marxovih i Engelsovih tekstova o umjetnosti može biti zanemarena ako ne vodimo računa o dvostrukosti prirode umjetnosti u njihovoj, ipak zajedničkoj, okvirnoj koncepciji: naglašavanje društvene uvjetovanosti umjetnosti i njenog ideološkog karaktera, klasnih suprotnosti koje ona izražava i, ako tako hoćemo reći, njene politički progresivne ili regresivne tendencije, uvijek se odnosi samo na jednu „stranu", na jedan aspekt, na jedan element umjetnosti, i nikada ne otkriva prirodu umjetnosti

---

[14] Mislim da to nema potrebe posebno dokazivati jer se značenje takvih tekstova utvrđuje u okviru našeg razvrstavanja tekstova, poduzetog kako ovdje tako i u navedenom mojem radu *Klasici marksizma i književna kritika,* gdje se o tome izravno govori.

o kojoj oni svagda — na drugim mjestima i drugim povodima — govore i s drugog aspekta, imajući u vidu i drugu stranu njene prirode, računajući na njenu općeljudsku, izvornu i iskonsku dimenziju. To je razlog što, s jedne strane gledano, tekstovi Marxa i Engelsa o umjetnosti nisu koherentni u tom smislu da bi omogućavali neku okvirnu estetiku ili teoriju umjetnosti, a što su, s druge strane gledano, ipak dovoljno koherentni da ne čine tek konglomerat sasvim različitih izjava i analiza bez neke jedinstvene unutarnje logike. No, kako je logika njihovih tekstova o umjetnosti uvjetovana unutarnjim protuslovljem same prirode umjetnosti, protuslovljem između njene vanjske, ekonomijom uvjetovane povijesti i njene unutarnje, izvorne povijesti slobodne ljudske djelatnosti, tumačenje lako zapada u antinomije jer sintezu mora pretpostavljati i ondje gdje ona nije izričito prisutna. Marxove i Engelsove tekstove o umjetnosti valja tako čitati sa sviješću da pojedine analize nikad ne mogu obuhvatiti cjelinu svog predmeta jer one pretpostavljaju da se njihov pravni predmet, njihova opća tema, može zahvatiti jedino tokom razmišljanja koje je svjesno svoje dijalektičke prirode, koja uzima u obradu uvijek samo ovaj ili onaj element, ovaj ili onaj aspekt onoga o čemu se govori, a da se istina dohvaća jedino u misaonom kretanju koje obuhvaća cjelinu. Pri tome valja računati i s time da takav misaoni postupak — preuzet iz Hegelove filozofije — ima i jednu dimenziju koja ga razlikuje od Hegelove logike: istina umjetnosti za Marxa i Engelsa nije već spoznata jer umjetnost, kao, uostalom ni ljudska povijest u cjelini, nije završila svoj razvoj. Istina umjetnosti za njih se tek mora otkriti nakon revolucije, pa razmišljanje o cjelini umjetnosti ne može biti ni u kojem smislu riječi konačno: prava priroda umjetnosti čovječanstvu se tek mora otkriti u budućnosti, jer je svaka analiza umjetnosti danas, tako reći, prisiljena na stanovitu jednostranost; ona može i mora naglašavati samo ove ili one strane, ove ili one elemente umjetnosti, vođena uvijek idejom da se i u umjetnosti ogleda još neotkrivena ljudska sloboda.

Kako, dakle, onda razumjeti danas Marxove i Engelsove analize umjetnosti kao ideološke nadgradnje koja slijedi ekonomsku osnovicu? Kako shvatiti ocjene umjetničkih djela koje ističu u prvi plan ideološke stavove autora ili pojedinih likova? Kako „uskladiti" stavove mladog Marxa o umjetnosti kao slobodnoj proizvodnji s analizama koje ističu u prvi plan ideološki i klasni karakter umjetnosti? Kako razumjeti Engelsove izjave o ekonomskom činiocu koji ipak, u krajnjoj liniji, uvjetuje umjetničku djelatnost? Kako tumačiti neku fragmentarnu povijest književnosti koja se u nekoj mjeri može rekonstruirati iz Marxovih i Engelsovih izjava o pojedinim književnicima i njihovim djelima, povijest književnosti koja, čini se, ipak slijedi ideju da ne postoji neka zasebna povijest umjetnosti, nego umjetnost samo prati opću povijest društvenog života? Nije li riječ ipak samo o tome da velik dio Marxovih i Engelsovih izjava o umjetnosti valja naprosto zanemariti jer su one uvjetovane njihovim vremenom, njima raspoloživim znanjem o umjetnosti i njihovim osobnim ukusom koji se prirodno razvio na temelju takva iskustva umjetnosti kakvo se uvelike razlikuje od onog iskustva kojim raspolažemo nakon stotinu godina izuzetno burnog, čak neočekivanog i u mnogo čemu protuslovnog umjetničkog razvoja?

Nije sporno da Marxove i Engelsove izjave o umjetnosti nikako ne valja naprosto zbrajati. Nema nikakve sumnje da studij *svega* što su oni napisali ili izgovorili o umjetnosti može imati samo historijsku važnost i da takva rekonstrukcija njihova odnosa prema umjetnosti može biti samo prilog poznavanju njihovih osoba, njihovog misaonog razvoja i njihovog društvenog angažmana. Umjetnost sama, poznavanje umjetnosti te filozofska i znanstvena problematika umjetnosti znatno se promijenila od njihova vremena i te promjene ne smiju se zanemariti. Ako bismo Marxove i Engelsove analize i ocjene umjetnosti shvatili kao rezultate primjene njihove filozofske ili znanstvene metode na umjetnost, bili bismo prisiljeni „zakočiti" proces povijesnog razvoja i iznevjeriti upravo onu misao koju su oni najviše isticali: da se povijest ne smije promišljati sa stajališta apsolutnog znanja, sa stajališta prema kojem se sve bitno već dogodilo, pa je i sve bitno i važno već izrečeno. Valja li, prema tome, zanemariti sve Marxove i Engelsove izjave osim onih koje su u skladu s teorijom otuđenja i stoga govore o umjetnosti kao neotuđenoj, slobodnoj djelatnosti? Ne može se poreći da u marksizmu danas postoji zanimanje za *obje* dimenzije proučavanja umjetnosti: kako za onu koja proizlazi iz prirode umjetnosti kao iskonske ljudske djelatnosti tako i za onu koja proizlazi iz otuđenog karaktera umjetnosti u otuđenom društvu. Određena filozofija umjetnosti može se razviti na temelju Marxovih stavova o prirodi čovjeka i prirodi umjetnosti, kao što se određena metodologija proučavanja umjetnosti može razviti na temelju Marxovih i Engelsovih analiza o odnosu umjetnosti i društva, odnosno analiza o položaju umjetnosti u različitim povijesnim epohama. Određeno protuslovlje između obje problematske orijentacije postoji, pa je samo pitanje kako ga valja shvatiti i šta se na temelju njega može zaključiti. Može se, dakako, suprotstaviti filozofska antropologija učenju o nadgradnji i osnovici, pa zatim prva odbaciti, ili barem tumačiti isključivo u okviru druge, ili obrnuto. Može se nadalje, ta opreka produbiti u razlike između „starog" i „mladog" Marxa; može se govoriti o sukobu, na primjer, između filozofske orijentacije *Ekonomsko-filozofskih rukopisa* i znanstvene orijentacije kasnijih Marxovih radova; može se Marx u cjelini suprotstaviti Engelsovoj orijentaciji koja u nekim elementima svakako naginje tzv. pozitivizmu u proučavanju književnosti. Ipak, ako uzmemo u obzir tumačenje o „dvostrukoj prirodi" umjetnosti i o karakteru Marxove koncepcije povijesti, koju je i Engels prihvatio, te o svrsi pojedinih tekstova o umjetnosti, navedene suprotnosti mogu se tumačiti i kao izraz nužnog protuslovlja u kojem se dijalektički kreće Marxovo i Engelsovo mišljenje: Marxova filozofija o umjetnosti kao proizvodnoj djelatnosti može uključiti i otuđenje umjetnosti kao element vlastitog razvoja u *izlaganju;* o umjetnosti se može i mora govoriti na oba načina, jer se jedino tako može pokušati razviti cjelovito, a ipak otvoreno u rezultatima, filozofsko proučavanje umjetnosti.

To će reći da mnogi tekstovi Marxa i Engelsa, bez obzira na to što nisu na istoj razini izvođenja i što se odnose na različite probleme, mogu i današnjeg čitaoca uputiti na širinu problematike u kojoj se različiti aspekti pristupa umjetnosti ipak moraju ujediniti u okvirnoj koncepciji čovjeka i povijesti, u koncepciji koja je dovoljno obuhvatna da dopušta izdvajanje pojedinih suprotstavljenih aspekata, a ipak i dovoljno određena da njihove suprotnosti problematizira u uvijek otvorenom daljem razmatranju. Čak i ocjene i analize mogu se tada shvatiti kao prilozi za studij jednog načina mišljenja o umjetnosti koja otvara mnoge nove probleme, ali koje se, također, i samo zatvara u jednostranu apstrakciju ako ga shvatimo kao rezultat koji bi obuhvatio cjelinu i onda kada govori samo o ovom ili onom njenom aspektu. *Otvorenost* Marxova i Engelsova mišljenja o umjetnosti — koju su zamijetili i naglasili mnogi interpretatori — tada dobiva još jednu potvrdu i obrazloženje koje upućuje da studij njihovih tekstova o umjetnosti i danas može zanimati svakoga tko u njima traži ishodište nekih ideja o umjetnosti koje su i danas predmet žive i burne rasprave, kako među filozofima tako i među teoretičarima poje-

31

dinih umjetnosti, sociolozima, pa i onima koji se
umjetnošću bave s bilo kojeg praktičnog ili teorij-
skog aspekta.[15]

Nadam se da to i ovaj izbor u nekoj mjeri može
opravdati.

Milivoj SOLAR

---

[15] Mislim da valja barem u nekoj mjeri razlikovati dva,
tako da kažem, pravca zanimanja za Marxove i Engelsove
tekstove o umjetnosti: jedan bi se mogao uvjetno označiti
kao filozofija umjetnosti, a drugi kao metodologija povijesti
umjetnosti. Bez obzira na to što smatram da se metodologija
povijesti umjetnosti ne može razmatrati „odvojeno" od filo-
zofije umjetnosti, ipak treba dopustiti da među njima postoje
i razlike, diktirane njihovom usmjerenošću i ciljevima koje
imaju u vidu. Utemeljenje metodologije povijesti umjetno-
sti u estetici, osim toga, i suviše često bijaše uzrokom takvih
shvaćanja kakva su završavala u svojevrsnom apsolutnom
znanju, a da nas to ne navede, u najmanju ruku na oprez
u zaključcima. Ovdje poduzeto tumačenje vodi ideja da su
Marxovi i Engelsovi tekstovi prije svega poticajni za proble-
matiku filozofije umjetnosti, ali, kako je ta filozofija otvo-
rena, kako ona ne čini nikakav sustav znanja, i zapažanja
i analize koje se odnose na odnos umjetnosti i društva mogu
poslužiti u razradi pojedinačnih znanstvenih problema, na-
ravno ako se pri tome uvijek uviđa dijalektički karakter
Marxova i Engelsova mišljenja.

32

O UMJETNOSTI

1

LJUDSKA PRIRODA
I PRIRODA UMJETNOSTI

KARL MARX: *EKONOMSKO-FILOZOFSKI RUKOPISI (1844)*

Čovjek je rodno biće ne samo zato što praktički i teorijski čini rod, kako svoj vlastiti tako i rod drugih stvari, svojim predmetom, nego i zato — a to je samo drugi izraz za istu stvar — što se prema sebi odnosi kao prema prisutnom živom rodu, zato što se prema sebi odnosi kao prema *univerzalnom,* te stoga slobodnom biću.

Rodni život, kako kod čovjeka tako i kod životinje, sastoji se fizički prvo u tome što čovjek (kao i životinja) živi od anorganske prirode i ukoliko je čovjek univerzalniji od životinje, utoliko je univerzalnije područje anorganske prirode od koje on živi. Kao što biljke, životinje, kamenje, zrak, svjetlo itd. teorijski čine jedan dio ljudske svijesti, djelomično kao predmeti prirodne nauke, djelomično kao predmeti umjetnosti — čovjekovu duhovnu anorgansku prirodu, duhovna sredstva za život koja mora tek pribaviti za uživanje i probavu — tako oni i praktički čine jedan dio ljudskog života i ljudske djelatnosti. Fizički živi čovjek samo od tih prirodnih proizvoda, bilo u obliku hrane, ogrjeva, odjela, stana itd. Čovjekova univerzalnost pojavljuje se praktički baš u univerzalnosti koja cjelokupnu prirodu čini njegovim *anorganskim* tijelom, i to ukoliko je 1. neposredno sredstvo za život, kao i ukoliko je [2.] materija, predmet i oruđe njegove životne djelatnosti. Priroda je čovjekovo *anorgansko tijelo,* naime, priroda, ukoliko sama nije čovjekovo tijelo. Čovjek *živi* od prirode, to znači: priroda je njegovo *tijelo,* s kojim on mora ostati u stalnom procesu da ne bi umro. Da je čovjekov fizički i duhovni život povezan s prirodom, nema drugog smisla nego da je priroda povezana sama sa sobom, jer čovjek je dio prirode.

Budući da otuđeni rad čovjeku 1. otuđuje prirodu, 2. njega samog, njegovu vlastitu djelatnu funkciju, njegovu životnu djelatnost, on čovjeku otuđuje *rod;* on mu *rodni život* čini sredstvom individualnog života. Prvo, on mu otuđuje rodni život i individualni život, i drugo, on mu ovaj posljednji, sveden na apstrakciju, pretvara u cilj prvoga, također u njegovu apstraktnu i otuđenu obliku.

Jer, prvo, čovjeku se rad, *životna djelatnost,* sam *proizvodni život* pojavljuje samo kao *sredstvo* za zadovoljenje jedne potrebe, potrebe održanja fizičke egzistencije. Međutim, proizvodni život je rodni život. To je život koji proizvodi život. U načinu životne djelatnosti leži cjelokupan karakter vrste, njen rodni karakter, a slobodna svjesna djelatnost je čovjekov rodni karakter. Sam život pojavljuje se samo kao *sredstvo za život.*

Životinja je neposredno jedinstvena sa svojom životnom djelatnošću. Ona se od nje ne razlikuje. Ona je *životna djelatnost.* Čovjek čini samu svoju životnu djelatnost predmetom svoga htijenja i svoje svijesti. On ima svjesnu životnu djelatnost. To nije određenost s kojom se on neposredno stapa. Svjesna životna djelatnost razlikuje čovjeka neposredno od životinjske životne djelatnosti. On je upravo samo na taj način rodno biće. Ili, on je samo svjesno biće, tj. njegov vlastiti život mu je predmet upravo zato što je rodno biće. Samo zato je njegova djelatnost slobodna djelatnost. Otuđeni rad okreće odnos tako da čovjek upravo zato što je svjesno biće čini svoju životnu djelatnost, svoju suštinu, samo sredstvom svoje *egzistencije.*

Praktično proizvođenje *predmetnog svijeta, prerada* anorganske prirode jest potvrđivanje čovjeka kao svjesnog rodnog bića, tj. bića koje se prema rodu odnosi kao prema svojoj vlastitoj suštini ili kao prema sebi kao rodnom biću. Doduše, životinja također proizvodi. Ona gradi sebi gnijezdo, stanove, kao pčela, dabar, mrav itd. Ali ona proizvodi samo ono što treba neposredno za sebe ili za svoje mlado; ona proizvodi jednostrano, dok čovjek proizvodi univerzalno; ona proizvodi samo pod vlašću neposredne fizičke potrebe, dok čovjek proizvodi i kad je slobodan od fizičke potrebe, i istinski proizvodi tek oslobođen od nje; ona proizvodi samo za sebe, dok čovjek reproducira cijelu prirodu; njezin proizvod pripada neposredno samo njenom fizičkom tijelu, dok se čovjek slobodno suprotstavlja svom proizvodu. Životinja oblikuje samo po mjeri i potrebi vrste kojoj ona pripada, dok čovjek znade proizvoditi prema mjeri svake vrste i znade svagdje dati predmetu inherentnu mjeru; zato čovjek oblikuje i prema zakonima ljepote.

(III, 220—222)

Lako je uvidjeti nužnost da cjelokupno revolucionarno kretanje nalazi kako svoju empirijsku, tako i teorijsku bazu u kretanju *privatnog vlasništva,* upravo u kretanju ekonomike.

To *materijalno,* neposredno *osjetilno* privatno vlasništvo jest materijalni, osjetilni izraz *otuđenog čovjekova* života. Kretanje privatnog vlasništva — proizvodnja i potrošnja — jest *osjetilno* očitovanje kretanja cjelokupne dosadašnje proizvodnje, tj. ozbiljenje ili zbiljnost čovjeka. Religija, porodica, država, pravo, moral, nauka, umjetnost itd. samo su *posebni* načini proizvodnje i padaju pod njen opći zakon. Stoga je pozitivno ukidanje *privatnog vlasništva* kao prisvajanje *čovjekova* života *pozitivno* ukidanje svakog otuđenja, dakle, povratak čovjeka iz religije, porodice, države itd. u svoje *ljudsko,* tj. *društveno* postojanje. *Religiozno* otuđenje kao takvo događa se samo u području *svijesti* čovjekove unutrašnjosti, ali ekonomsko otuđenje je otuđenje *zbiljskog* života — stoga njegovo ukidanje obuhvaća obje strane. Razumije se da kretanje kod raznih naroda počinje prema tome da li se istinski *priznati* život naroda više događa u svijesti ili u vanjskom svijetu, da li je više misaoni ili realni život. Komunizam počinje odmah s ateizmom (Owen), ateizam je isprva još daleko od toga da bi bio *komunizam*, kao što je onaj ateizam s kojim počinje komunizam više jedna apstrakcija. — Stoga je filantropija ateizma isprva samo *filozofska,* apstraktna filantropija, dok je filantropija komunizma odmah *realna* i neposredno pripravna za *djelovanje.*

Vidjeli smo kako pod pretpostavkom pozitivno ukinutog privatnog vlasništva čovjek proizvodi čovjeka, sama sebe i drugog čovjeka; kako je predmet koji je neposredno odjelotvorenje njegove individualnosti istovremeno njegovo vlastito postojanje za drugog čovjeka, postojanje tog drugog čovjeka i postojanje drugog za prvoga. Ali i materijal rada i čovjek kao subjekt isto su tako rezultat kao i *polazna tačka* kretanja (a da oni moraju biti ta *polazna tačka,* upravo u tome leži historijska *nužnost* privatnog vlasništva). *Društveni* karakter je, dakle, opći karakter cjelokupnog kretanja; *kao što* samo društvo proizvodi *čovjeka* kao *čovjeka,* tako i on *proizvodi* društvo. Djelatnost i užitak su *društveni* kako po svom sadržaju, tako i po *načinu postojanja;* oni su *društvena* djelatnost i *društveni* užitak. *Ljudska* suština prirode postoji tek za *društvenog* čovjeka; jer tek ovdje ona postoji za njega kao *veza s čovjekom,* kao njegovo postojanje za drugoga i kao postojanje drugoga za njega, te kao životni elemenat ljudske zbiljnosti; tek ovdje ona postoji kao *osnova* njegova vlastitog *ljudskog* postojanja. Njegovo *prirodno* postojanje tek mu je ovdje postalo njegovim *ljudskim* postojanjem, a priroda je za njega postala čovjekom. Dakle, *društvo* je dovršeno suštinsko jedinstvo čovjeka s prirodom, istinsko uskrsnuće prirode, provedeni naturalizam čovjeka i provedeni humanizam prirode.

Društvena djelatnost i društveni užitak nikako ne egzistiraju *samo* u obliku *neposredno* zajedničke djelatnosti i neposredno *zajedničkog* užitka, iako se *zajednička* djelatnost i *zajednički* užitak, tj. djelatnost i užitak koji se ispoljavaju i potvrđuju neposredno u *zbiljskom društvu* s drugim ljudima, događaju svagdje gdje je onaj *neposredni* izraz društvenosti osnovan u suštini sadržaja djelatnosti ili užitka i primjeren prirodi toga sadržaja.

Ali čak i ako djelujem *naučno* itd. — djelatnost koju rijetko mogu izvesti u neposrednoj zajednici s drugima — ja sam *društven,* jer djelujem kao čovjek. Meni nije dat kao društveni proizvod samo materijal moje djelatnosti — kao i jezik pomoću kojeg mislilac djeluje — moje *vlastito* postojanje *je* društvena djelatnost; zato ono što činim iz sebe činim iz sebe za društvo i sa sviješću da to činim kao društveno biće.

Moja *opća* svijest samo je *teorijski* oblik onoga čega je *živi* oblik *realna* zajednica, društveno biće, dok je danas *opća* svijest apstrakcija od zbiljskog života i kao takva suprotstavlja mu se neprijateljski. Stoga je *djelatnost* moje opće svijesti — kao takva — moje *teorijsko* postojanje kao društvenog bića.

Prije svega, treba izbjeći da se „društvo" ponovno fiksira kao apstrakcija nasuprot individuumu. Individuum je *društveno biće.* Stoga je njegovo ispoljavanje života — makar se i ne pojavljivalo u neposrednom obliku *zajedničkog* života koji se vrši istovremeno s drugima — ispoljavanje i potvrđivanje *društvenog života.* Individualni i rodni čovjekov život nisu *različiti,* i pored toga što je — i to nužno — način postojanja individualnog života više *poseban* ili više *općenit* način rodnog života, ili, rodni život — više *poseban* ili *općenit* individualni život.

(III, 237—239)

Stoga, ukoliko, s jedne strane, svagdje u društvu predmetna zbiljnost postaje čovjeku zbiljnost čovjekovih suštinskih nada, čovjekova zbiljnost, pa zato i zbiljnost njegovih *vlastitih* suštinskih snaga, svi *predmeti* postaju *opredmećenje* njega samoga, predmeti koji potvrđuju i ostvaruju njegovu individualnost, *njegovi* predmeti, tj. predmet postaje on *sâm*. *Kako* oni postaju njegovim predmetima, to zavisi od *prirode predmeta* i od prirode *suštinske* snage koja joj odgovara; jer upravo *određenost* toga odnosa čini poseban, *zbiljski* način potvrđivanja. Jedan predmet je *oku* drugačiji nego *uhu* i predmet oka *je* drugačiji nego predmet uha. Svojevrsnost svake suštinske snage upravo je njena *svojevrsna suština*, dakle, i svojevrstan način njenog opredmećenja, njenog *predmetno-zbiljskog* živog *bitka*. Stoga se čovjek u predmetnom svijetu potvrđuje ne samo u mišljenju nego sa *svim* osjetilima.

S druge strane, shvaćeno subjektivno: tek muzika budi čovjekov smisao za muziku; za nemuzikalno uho ni najljepša muzika nema *nikakva* smisla, nije nikakav predmet, jer moj predmet može biti samo potvrđivanje jedne od mojih suštinskih snaga, to jest on za mene može postojati samo onako kao što moja suštinska snaga postoji za sebe kao subjektivna sposobnost, jer smisao jednog predmeta ide za mene upravo donde (on ima smisao samo za njemu odgovarajuće osjetilo) dokle seže *moje* osjetilo; stoga su *osjetila* društvenog čovjeka *drugačija* nego osjetila nedruštvenog čovjeka; tek pomoću predmetno razvijenog bogatstva čovjekova bića djelomično se razvijaju, a djelomično tek proizvode: bogatstvo subjektivne *ljudske* osjetilnosti, muzikalno uho, oko za ljepotu oblika, ukratko — *osjetila* sposobna za ljudske užitke, osjetila koja se potvrđuju kao *ljudske* suštinske snage. Jer ne samo pet osjetila nego i takozvana duhovna osjetila, praktičko osjetila (volja, ljubav itd.), jednom riječi *ljudsko* osjetilo, ljudskost osjetila, nastaje tek pomoću postojanja *njegova* predmeta, pomoću *očovječene* prirode. *Stvaranje* pet osjetila jeste posao cjelokupne dosadašnje svjetske historije. *Osjetilo* koje je obuzeto grubom praktičnom potrebom ima samo *ograničen* smisao. Za izgladnjela čovjeka ne postoji ljudski oblik hrane, nego samo njeno apstraktno postojanje kao hrane: ona bi, isto tako, mogla biti pred njim u najsirovijem obliku i ne može se reći čime bi se ova ishrana razlikovala od *životinjske* ishrane. Pritisnut brigom i siromaštvom, čovjek nema smisla ni za najljepšu predstavu; trgovac mineralima vidi samo trgovačku vrijednost, ali ne vidi ljepotu ni osobenu prirodu minerala; on nema mineraloškog smisla; dakle, opredmećenje čovjekova bića i u teorijskom i u praktičnom pogledu bilo je potrebno kako za to da čojekovo *osjetilo* učini *ljudskim*, tako i da stvori *ljudsko osjetilo* koje odgovara cjelokupnom bogatstvu ljudskog i prirodnog bića.

(III, 240—241)

Čovjek je neposredno *prirodno biće*. Kao prirodno biće i kao živo prirodno biće on je obdaren djelomično *prirodnim*, *životnim snagama*, on je *djelatno prirodno* biće; te snage egzistiraju u njemu kao sklonosti i sposobnosti, kao *nagoni;* on je djelomično prirodno, tjelesno, osjetilno, predmetno biće koje *trpi*, koje je uvjetovano i ograničeno, kao što su to biljka i životinja, tj. *predmeti* njegovih nagona postoje izvan njega, kao od njega nezavisni *predmeti;* ali ti predmeti su *predmeti* njegove *potrebe, predmeti* koji su neophodni za odjelotvorenja i potvrđivanje njegovih suštinskih snaga, suštinski *predmeti.* Da je *čovjek tjelesno,* prirodno, živo, zbiljsko, osjetilno, predmetno biće, znači da za predmet svoga bića, svog životnog ispoljavanja ima *zbiljske, osjetilne predmete,* ili, da svoj život može *ispoljavati* samo na zbiljskim, osjetilnim predmetima.

43

Biti predmetan, prirodan, osjetilan, ili imati izvan sebe predmet, prirodu, osjetilo, ili za nešto treće sâm biti predmet, priroda, osjetilo, to je identično. *Glad* je prirodna *potreba;* da bi se zadovoljila, da bi se utažila, njoj je potrebna *priroda* izvan nje, *predmet* izvan nje. Glad je priznata potreba tijela za *predmetom* koji se nalazi izvan njega, koji je neophodan njegovom integriranju i ispoljavanju bića. Sunce je *predmet* biljke, predmet koji joj je neophodan, koji potvrđuje njen život, kao što je biljka predmet sunca, *ispoljavanje* sunčane snage koja budi život, ispoljavanje *predmetne* suštinske snage sunca.

Biće koje svoju prirodu nema izvan sebe, nije *prirodno* biće, ne učestvuje u biću prirode. Biće koje nema nikakav predmet izvan sebe, nije predmetno biće. Biće koje samo nije predmet za treće biće, nema biće za svoj *predmet,* tj. ne odnosi se predmetno, njegov bitak nije predmetan.

Nepredmetno biće je *nebiće* (Unwesen).

Pretpostavite biće koje ni samo nije predmet, niti ima predmet. Takvo biće bilo bi prvo, *jedino* biće, izvan njega ne bi egzistiralo nikakvo biće, ono bi egzistiralo usamljeno i samo. Jer čim postoje predmeti izvan mene, čim ja nisam *sam,* ja sam *drugi, druga zbiljnost* nego predmet izvan mene. Za taj treći predmet ja sam, dakle, *druga zbiljnost* a ne on, tj. ja sam *njegov* predmet. Biće koje nije predmet drugog bića pretpostavlja, dakle, da ne postoji *nikakvo* predmetno biće. Čim imam jedan predmet, taj predmet ima mene za predmet. A *nepredmetno* biće je nezbiljsko, neosjetilno, samo mišljeno, tj. samo imaginarno biće, biće apstrakcije. Biti *osjetilan,* tj. biti zbiljski, znači biti predmet osjetila, *osjetilni* predmet, znači, dakle, imati osjetilne predmete izvan sebe, imati predmete svoje osjetilnosti. Biti osjetilan znači trpjeti.

Stoga je čovjek kao predmetno osjetilno biće *trpno* biće, a, budući da je biće koje osjeća svoje

44

patnje, on je *strastveno* biće. Strast, passion, je čovjekova suštinska snaga, koja energično teži ka svom predmetu. Ali čovjek nije samo prirodno biće, nego je *ljudsko* prirodno biće, tj. biće koje postoji sámo za sebe, stoga *rodno biće* koje se kao takvo mora potvrditi i manifestirati u svom bitku i u svom znanju. *Čovjekovi* predmeti nisu, dakle, prirodni predmeti onakvi kako su neposredno dati, a ni *čovjekovo* osjetilo kakvo je ono neposredno, predmetno, nije *čovjekova* osjetilnost, čovjekova predmetnost. Priroda ni objektivno ni subjektivno nije neposredno adekvatno data *čovjekovu* biću. A kako sve prirodno mora *nastati,* tako i *čovjek* ima svoj akt nastajanja, *historiju,* koje je on, međutim, svjestan i koja je stoga akt nastajanja koji se kao akt nastajanja svjesno ukida. Historija je prava prirodna historija čovjeka.

(III, 268—269)

KARL MARX: *TEZE O FEUERBACHU*

1

Glavni nedostatak sveg dosadašnjeg materijalizma (uključujući i Feuerbachov) jeste to što se predmet, stvarnost, čulnost shvata samo u obliku *objekta* ili *neposrednog spoznavanja,* a ne kao *čulno ljudska delatnost, praksa,* ne subjektivno. Otuda je *aktivnu* stranu nasuprot materijalizmu apstraktno razvio idealizam — koji, naravno, ne poznaje stvarnu, čulnu delatnost kao takvu. Feuerbach hoće čulne objekte — stvarno različite od objekata mišljenja; ali on samu ljudsku delatnost ne shvata kao *predmetnu* delatnost. Stoga u *Suštini hrišćanstva* smatra da je samo teorijsko ponašanje istinski ljudsko, dok se praksa shvata i određuje samo u njenom prljavo jevrejskom pojavnom obliku. Stoga, on ne shvata značaj „revolucionarne", „praktično-kritičke" delatnosti.

2

Pitanje da li predmetna istina pripada ljudskom mišljenju nije pitanje teorije, već *praktično* pitanje. U praksi čovek mora dokazati istinitost, tj. stvarnost i moć, ovostranost svog mišljenja. Spor o stvarnosti ili nestvarnosti mišljenja — koje je izolovano od prakse — jeste čisto *sholastičko* pitanje.

3

Materijalističko učenje o promeni okolnosti i vaspitanja zaboravlja da ljudi menjaju okolnosti i da sam vaspitač mora biti vaspitavan. Stoga ono mora ispitivati društvo u dva dela — od kojih je jedan uzdignut iznad njega. Poklapanje menjanja okolnosti i ljudske delatnosti ili samoizmene može se shvatiti i racionalno razumeti samo kao *revolucionarna praksa*.

4

Feuerbach polazi od činjenice religioznog samo-otuđenja, udvajanja sveta u jedan religiozan i jedan svetovan. Njegov rad se sastoji u tome da religiozni svet svede na njegovu svetovnu osnovu. Ali to da se svetovna osnova sama od sebe odvaja i uzdiže i sebi utvrđuje samostalno carstvo u oblacima, treba objasniti samo sopstvenom pocepanošću i sopstvenom protivrečnošću ove svetovne osnove. Dakle, nju samu je nužno kako razumeti u njoj samoj u njenoj protivrečnosti, tako i praktično revolucionisati. Dakle, pošto, npr., zemaljska porodica bude otkrivena kao tajna svete porodice, nužno je samu ovu prvu teorijski i praktično uništiti.

5

Feuerbach, nezadovoljan *apstraktnim mišljenjem*, hoće *neposredno spoznavanje;* ali on čulnost ne shvata kao *praktičnu* ljudsko-čulnu *delatnost.*

6

Feuerbach svodi religioznu suštinu na *ljudsku* suštinu. Ali ljudska suština nije nikakav apstraktum koji se nalazi u pojedinačnoj individui. U svojoj stvarnosti ona je skup društvenih odnosa.

Feuerbach, koji se ne upušta u kritiku ove suštine, jeste, stoga, primoran:

1. da apstrahuje od istorijskog toka i da religiozno osećanje fiksira za sebe i pretpostavi apstraktnu — *izolovanu* — ljudsku individuu.

2. Zato se suština može shvatiti samo kao „rod", kao unutrašnja, nema opštost koja čisto *prirodno* povezuje mnoge individue.

7

Stoga, Feuerbach ne vidi da je sámo „religiozno osećanje" društveni proizvod i da apstraktna individua, koju on analizira, pripada određenom obliku društva.

8

Sav društveni život je bitno *praktičan*. Sve misterije koje teoriju navode na misticizam nalaze svoje racionalno rešenje u ljudskoj praksi i u poimanju ove prakse.

9

Najviše do čega dolazi materijalizam koji neposredno spoznaje, tj. materijalizam koji čulnost ne poima kao praktičnu delatnost, jeste neposredno spoznavanje pojedinačnih individua i građanskog društva.

10

Stanovište starog materijalizma je građansko društvo, stanovište novog je ljudsko društvo ili društveno čovečanstvo.

11

Filozofi su samo različito *tumačili* svet, a stvar je u tome da se on *izmeni*.

(VI, 5—7)

KARL MARX — FRIEDRICH ENGELS:
NEMAČKA IDEOLOGIJA

Jezik je isto toliko star koliko i svest — jezik *jeste* praktična, stvarna svest koja postoji za druge ljude, i prema tome postoji i za mene samog, i jezik nastaje, kao i svest, tek iz potrebe, iz nužnosti opštenja sa drugim ljudima. Tamo gde postoji neki odnos, on postoji za mene, „životinja" se ne *„odnosi"* ni prema čemu i uopšte se ne odnosi. Za životinju njen odnos prema drugima ne postoji kao odnos. Svest je, dakle, već od samog početka društveni proizvod i ostaje to sve dok ljudi uopšte postoje. Svest je, naravno, prvo samo svest o *najbližoj* čulnoj okolini i svest o ograničenoj vezi sa drugim osobama i stvarima, van individue koja počinje da stiče svest o sebi; to je u isto vreme svest o prirodi koja (priroda) na početku stoji nasuprot ljudima kao sasvim strana, svemoćna i neprikosnovena sila prema kojoj se ljudi odnose čisto životinjski, prema kojoj osećaju strahopoštovanje kao stoka; prema tome, to je čisto životinjska svest o prirodi (prirodna religija) — i, s druge strane, svest o nužnosti da se stupi u vezu sa okolnim individuama, početak svesti o tome da čovek uopšte živi u društvu. Taj početak ima životinjski karakter isto onoliko koliko ga ima i sam društveni život na tome stupnju; to je puka svest o čoporu i čovek se tu razlikuje od ovna samo po tome što mu svest zamenjuje instinkt, ili po tome što je njegov instinkt svestan. Ta svest ovna ili plemenska svest razvija se i izgrađuje zahvaljujući povećanju produktivnosti, povećanju potreba i porastu stanovništva koje se nalazi u osnovi i jednog i drugog. Time se razvija i podela rada, koja na početku nije bila ništa drugo do podela rada u polnom aktu, a zatim podela rada koja se zahvaljujući prirodnim sposobnostima (npr. fizičkoj snazi), potrebama, slučajnostima itd. itd. vrši sama po sebi ili „prirodno". Podela rada postaje stvarno podela tek od onog trenutka kad se javlja podela materijalnog i duhovnog rada. Od tog trenutka svest *može* stvarno uobraziti da je nešto drugo a ne svest o postojećoj praksi, da stvarno nešto predstavlja, a da ne predstavlja nešto što je stvarno — od tog trenutka svest je kadra da se emancipuje od sveta i pređe na obrazovanje „čiste" teorije, teologije, filozofije, morala itd. Ali čak i kad ova teorija, teologija, filozofija, moral itd. dođu u protivrečnost sa postojećim odnosima, to se može dogoditi samo na taj način što su postojeći društveni odnosi došli u protivrečnost sa postojećom proizvodnom snagom; to se, uostalom, u jednom određenom nacionalnom krugu odnosa može dogoditi i na taj način što se protivrečnost ne javlja u ovim nacionalnim granicama, već između ove nacionalne svesti i prakse drugih nacija, tj. između nacionalne i opšte svesti neke nacije (kao sada u Nemačkoj), kad se — zbog toga što se ova protivrečnost prividno javlja samo kao protivrečnost u okviru nacionalne svesti — ovoj naciji čini da se borba svodi na to nacionalno đubre, upravo zato što je ta nacija po sebi i za sebe đubre. Uostalom, sasvim je svejedno šta radi sama svest; iz sve te pogani dobijamo samo jedan rezultat — da ta tri momenta: proizvodna snaga, društveno stanje i svest mogu i moraju postati međusobno protivrečni, jer *podela rada* omogućava, čak čini realnim, da duhovna i materijalna delatnost, uživanje i rad, proizvodnja i potrošnja, padnu u deo različitim individuama, a mogućnost da oni međusobno ne dođu u protivrečnost nalazi se samo u tome da se ukine podela rada. Uostalom, po sebi se razume da su „priviđenja", „veze", „više biće", „pojam", „nedoumica" čisto idealistički spe-kulativni duhovni izraz, predstava prividno izolo-vanih individua, predstava o jakim empirijskim oko-vima i granicama u kojima se kreće način proiz-vodnje života i s njim povezan oblik opštenja.

S podelom rada, u kojoj su date sve te protiv-rečnosti, i koja, opet, počiva na prirodnoj podeli rada u porodici i razlučivanju društva na podvojene, međusobno suprotne porodice, data je u isto vreme i raspodela, i to *nejednaka*, kako kvantitativna tako i kvalitativna raspodela rada i njegovih proizvoda, dakle, svojina, čija je klica, čiji se prvi oblik nalazi već u porodici gde su žena i deca robovi muškarca. Istina, još vrlo primitivno i latentno, ovo ropstvo u porodici predstavlja prvu svojinu, koja, uostalom, ovde već potpuno odgovara definiciji modernih ekonomista, po kojoj svojina znači raspolaganje tuđom radnom snagom. Uostalom, podela rada i pri-vatna svojina predstavljaju identične izraze — u jednom se u vezi sa delatnošću govori o istom onom o čemu se u drugom govori u vezi sa proizvodom delatnosti.

(VI, 30—32)

KARL MARX: *OSNOVI KRITIKE POLITIČKE EKONOMIJE*

(Bilo je rečeno i može se reći da ljepota i veličina počiva upravo u toj samonikloj, od znanja i htijenja individua nezavisnoj povezanosti koja upravo pretpostavlja njihovu uzajamnu nezavisnost i ravnodušnost jednog prema drugom u materijalnoj i duhovnoj razmjeni stvari. I sigurno treba dati prednost toj *stvarnoj* povezanosti pred njihovom nepovezanošću ili pred samo lokalnom povezanošću koja je zasnovana na prirodi krvnog srodstva i na odnosima gospodstva i podložništva. Isto je tako sigurno da individue ne mogu sebi podrediti svoje vlastite društvene veze prije nego što su ih stvorile. Ali je besmisleno shvaćati onu samo *stvarnu povezanost* kao prirodnu, od prirode individualnosti (nasuprot reflektiranom znanju i htijenju) nedjeljivu i njoj imanentnu. Ta je povezanost njihov proizvod. Ona je historijski proizvod. Ona pripada određenoj fazi njihovog razvitka. Otuđenost i samostalnost, u kojima ona još egzistira prema individuama dokazuje samo da su one još u stvaranju uslova svog društvenog života, umjesto da su ga započele od tih uslova. To je samonikla povezanost individua unutar određenih, ograničenih odnosa proizvodnje.

Univerzalno razvijanje individue, čiji su društveni odnosi kao njihovi vlastiti, zajednički odnosi podvrgnuti također njihovoj vlastitoj zajedničkoj kontroli nisu proizvod prirode, nego povijesti. Stupanj i univerzalnost razvoja snaga pri kojima ta individualnost postaje moguća pretpostavlja upravo proizvodnju na bazi razmjenskih vrijednosti, koja tek s općenitošću otuđena individuuma od sebe i od drugih proizvodi i općenitost i svestranost njegovih odnosa i sposobnosti. Na ranijim stupnjevima razvoja pojavljuje se pojedini individuum punije upravo zato što još nije razvio puninu svojih odnosa i suprotstavio je sebi kao od sebe nezavisne društvene snage i odnose. Kao što je smiješno čeznuti za onom prvobitnom puninom, isto je tako smiješno vjerovati da se mora ostati pri ovom potpunom ispražnjenju. Građansko shvaćanje nije nikad otišlo dalje od suprotnosti prema onom romantičarskom pa će ga stoga to romantičarsko shvaćanje kao legitimna suprotnost pratiti sve do njegovog blaženog kraja.)

(Kao primjer ovdje se može uzeti odnos pojedinca prema nauci.)

(Uspoređivanje novca i krvi — za to je dala povod riječ cirkulacija — po prilici je isto toliko ispravno kao i uspoređivanje patricija i želuca kod Menenija Agripe.)

(Uspoređivanje novca s jezikom jednako je popogrešno. Ideje se ne preobražavaju u jezik tako da bi se njihova osobitost gubila i da bi njihov društveni karakter egzistirao pored njih u jeziku, kao cijene pored roba. Ideje ne egzistiraju odvojeno od jezika. Ideje koje se tek moraju prevesti s njihovog maternjeg jezika na neki strani jezik da bi došle u opticaj, da bi postale razmjenljive, pružaju više analogije, ali analogija tada nije u jeziku, nego u njegovoj tuđosti.)

(XIX, 66—67)

Kod starih nikad ne nalazimo istraživanje koji je oblik zemljišnog vlasništva itd. najproduktivniji, stvara najveće bogatstvo. Bogatstvo se ne pojavljuje kao svrha proizvodnje, premda, naravno, Katon može istraživati koja je obrada polja najunosnija,

53

ili, pak, Brut može pozajmiti svoj novac uz najbolje kamate. Istražuje se uvijek koji oblik vlasništva stvara najbolje građane države. Kao samosvrha bogatstvo se pojavljuje samo kod malog broja trgovačkih naroda — monopolista carrying tradea (posredničke trgovine) — koji žive u porama starog svijeta kao Jevreji u srednovjekovnom društvu. Međutim, bogatstvo je, s jedne strane, stvar, ono je realizirano u stvarima, materijalnim proizvodima, nasuprot kojima stoji čovjek kao subjekt; s druge strane, kao vrijednost ono je čista komanda nad tuđim radom ne u svrhu vladavine nego privatnog užitka itd. U svim oblicima ono se pojavljuje u stvarnom liku, bilo kao stvar, bilo kao odnos posredstvom stvari koja leži izvan i slučajno pored individuuma.

Tako se čini da je staro shvaćanje, gdje se čovjek, makar i u nekom ograničenom nacionalnom, religioznom, političkom određenju, uvijek pojavljuje kao svrha proizvodnje, vrlo uzvišeno u odnosu na moderni svijet, gdje se proizvodnja pojavljuje kao svrha čovjeka, a bogatstvo kao svrha proizvodnje. Ali *in fact*, ako se zdere ograničeni građanski oblik, šta je drugo bogatstvo do u univerzalnoj razmjeni proizvedena univerzalnost potreba, sposobnosti, užitaka, proizvodnih snaga itd. individua? Puni razvoj ljudske vladavine nad prirodnim snagama, onima takozvane prirode kao i svoje vlastite prirode? Apsolutno razvijanje svojih stvaralačkih predispozicija, bez druge pretpostavke osim prethodnog historijskog razvoja, koji taj totalitet razvoja, tj. razvoja svih ljudskih snaga kao takvih, ne mjereno nekim *unapred datim* mjerilom, čini samosvrhom? Gdje se on ne reproducira u svojoj određenosti, nego producira svoj totalitet? Ne nastoji da ostane bilo šta postalo, nego je u apsolutnom kretanju postajanja?

U građanskoj ekonomiji — i u epohi proizvodnje kojoj ona odgovara — javlja se to puko razvijanje ljudske unutrašnjosti kao potpuno ispražnjenje, to univerzalno opredmećenje kao totalno otuđenje, a rušenje svih određenih jednostranih svrha kao žrtvovanje samosvrhe jednoj posve vanjskoj svrsi. Stoga se djetinjasti stari svijet pojavljuje, s jedne strane, kao viši. S druge strane, on to i jest u svemu gdje se traži zatvoren lik, oblik i određeno ograničenje. On je zadovoljenje na ograničenom stanovištu; dok moderno ostavlja čovjeka nezadovoljenim, ili je, kad se pojavljuje u sebi zadovoljeno — *banalno.*

(XIX, 322—323)

KARL MARX: KAPITAL I

Kao u prostoj kooperaciji, tako je i u manufakturi dejstvujuće radno telo oblik egzistencije kapitala. Društveni mehanizam proizvodnje, sastavljen iz mnogih individualnih delimičnih radnika, pripada kapitalisti. Zato se proizvodna snaga koja potiče iz kombinovanja radova javlja kao proizvodna snaga kapitala. Prava manufaktura ne samo da nekada samostalnog radnika podvrgava komandi i disciplini kapitala već, povrh toga, stvara hijerarhijsku podelu među samim radnicima. Dok prosta kooperacija uglavnom ne menja način rada pojedinaca, manufaktura ga iz osnova revolucioniše i zaseca u sam koren individualne radne snage. Ona radnika pretvara u nakazu, podižući njegovu detaljnu umešnost kao u kakvoj toploj leji, dok mu zato uništava čitav svet proizvodnih nagona i sposobnosti, kao što u državama La Plate kolju celu životinju da bi joj uzeli samo kožu ili loj. Ne samo da se posebni delimični radovi razdeljuju među razne individue nego se i sama individua deli i pretvara u automatski mehanizam kakvog delimičnog rada, te se tako ostvaruje otrcana bajka Menenija Agripe koja čoveka prikazuje kao puki delić vlastitog njegovog tela. Dok u početku radnik prodaje kapitalu svoju radnu snagu jer mu nedostaju materijalna sredstva da proizvodi kakvu robu, sada i sama njihova individualna radna snaga otkazuje službu čim se ne proda kapital. Ona funkcioniše još jedino u nekoj celini koja postoji tek posle njene prodaje, u kapitalistovoj radionici. Manufakturni radnik, po đenje, a rušenje svih određenih jednostranih svrha kao žrtvovanje samosvrhe jednoj posve vanjskoj svrsi. Stoga se djetinjasti stari svijet pojavljuje, s jedne strane, kao viši. S druge strane, on to i jest u svemu gdje se traži zatvoren lik, oblik i određeno ograničenje. On je zadovoljenje na ograničenom stanovištu; dok moderno ostavlja čovjeka nezadovoljenim, ili je, kad se pojavljuje u sebi zadovoljeno — *banalno*.

(XIX, 322—323)

KARL MARX: *KAPITAL III*

Videli smo da je kapitalistički proces proizvodnje istorijski određen oblik društvenog procesa proizvodnje uopšte. Ovaj je poslednji kako proces proizvodnje materijalnih uslova egzistencije ljudskog života, tako i proces koji se zbiva u specifičnim, istorijsko-ekonomskim odnosima proizvodnje i koji proizvodi i reprodukuje same ove odnose proizvodnje, a s time i nosioce toga procesa, materijalne uslove njihove egzistencije i njihove uzajamne odnose, tj. njihov određeni ekonomski društveni oblik. Jer celina tih odnosa, u kojima se nosioci te proizvodnje nalaze naspram prirode i među sobom, u kojima proizvode, ta celina baš i jeste društvo, posmatrano u njegovoj ekonomskoj strukturi. Kao i svi njegovi prethodnici, tako se i kapitalistički proces proizvodnje vrši pod određenim materijalnim uslovima, ali koji su u isti mah i nosioci određenih društvenih odnosa u koje individue stupaju u procesu reprodukcije svoga života. I oni uslovi i ovi odnosi s jedne su strane pretpostavke, a s druge rezultati i tvorevine kapitalističkog procesa proizvodnje; on ih proizvodi i reprodukuje. Zatim smo videli: kapital — a kapitalista je samo personifikovani kapital, funkcioniše u procesu proizvodnje samo kao nosilac kapitala — dakle, kapital ispumpava u saobraznom mu društvenom procesu proizvodnje neku određenu količinu viška rada iz neposrednih proizvođača ili radnika, viška rada koji kapital dobija bez ekvivalenta i koji po svojoj suštini uvek ostaje prinudni rad, pa ma kako se ispoljavao kao rezultat slobodnog ugovora, sporazuma. Ovaj višak rada predstavlja se u nekom višku vrednosti, a ovaj višak vrednosti ima svoju egzistenciju u nekom višku proizvoda. Višak rada uopšte, kao rad preko mere datih potreba, mora uvek ostati. Samo što u kapitalističkom, kao i u robovskom sistemu itd., on ima antagonistički oblik i dopunjuje se čistim dokoličenjem jednog dela društva. Određenu količinu viška rada zahteva obezbeđenje od nepredviđenih slučajeva, potrebno, progresivno uvećavanje procesa reprodukcije saglasno razvitku potreba i napredovanja stanovništva, što se sa kapitalističkog stanovišta zove akumulacija. Jedna od civilizatorskih strana kapitala sastoji se u tome što on taj višak rada isteruje na takav način i pod takvim uslovima koji su po razvitak proizvodnih snaga i društvenih odnosa, i po stvaranje elemenata za jednu novu višu formaciju, povoljniji nego pod ranijim oblicima ropstva, kmetstva itd. Tako on, s jedne strane, dovodi do stupnja u kome otpada prinuda i monopolizovanje društvenog razvitka (uključiv njegove materijalne i intelektualne koristi) od strane jednog dela društva na račun drugoga; s druge strane, on stvara materijalna sredstva i klicu za odnose koji u jednom višem obliku društva dopuštaju da se ovaj višak rada spoji s jednim većim ograničenjem vremena koje je uopšte posvećeno materijalnom radu. Jer višak rada može, prema tome kakav je razvitak proizvodne snage rada, da bude velik pri malom celokupnom radnom danu, a relativno malen pri velikom celokupnom radnom danu. Ako je potrebno radno vreme = 3 i višak rada = 3, onda je celokupni radni dan = 6, a stopa viška rada = 100%. Ako je potrebni rad = 9 a višak rada = 3, onda je celokupni radni dan = 12, a stopa viška rada samo = 33 $\frac{1}{2}\%$. A zatim, od proizvodnosti rada zavisi koliko se upotrebne vrednosti proizvede za određeno vreme, pa, dakle, i za određeni višak radnog vremena. Stvarno društveno bogatstvo i mogućnost stalnog proširivanja društvenog procesa reprodukcije ne zavise, dakle, od dužine viška rada, već od njegove proizvodnosti i od više manje bogatih uslova proizvodnje u kojima se on vrši. Carstvo slobode počinje, u stvari, tek tamo gde prestaje rad koji je određen nevoljom i spoljašnjom svrsishodnošću; po prirodi stvari, ono, dakle, leži s one strane ⸴ oblasti same materijalne proizvodnje. Kao god što divljak mora da se bori s prirodom da bi zadovoljio svoje potrebe, da bi održao i reprodukovao svoj život, tako to mora činiti i civilizovani čovek, i on to mora u svima društvenim oblicima i pod svima mogućim načinima proizvodnje. S njegovim razvitkom proširuje se ovo carstvo prirodne nužnosti, jer se uvećavaju potrebe; ali se u isto vreme uvećavaju proizvodne snage koje te potrebe zadovoljavaju. Sloboda se u ovoj oblasti može sastojati samo u tome da podruštvljeni čovek, udruženi proizvođači, racionalno urede ovaj svoj promet materije s prirodom, da ga dovedu pod svoju zajedničku kontrolu, umesto da on njima gospodari kao neka slepa sila; da ga vrše s najmanjim utroškom snage i pod uslovima koji su najdostojniji i najadekvatniji njihovoj ljudskoj prirodi. Ali to uvek ostaje carstvom nužnosti. Sa one strane njega počinje razvitak ljudske snage, koja je svrha samoj sebi, pravo carstvo slobode, ali koje može da procveta samo na onom carstvu nužnosti kao svojoj osnovici. Skraćenje radnog dana je osnovni uslov.

(XXIII, 680—682)

MARXOVE NOPOMENE UZ ISPISE IZ NEKIH PROČITANIH DJELA

Ako proizvodim *više* proizvedenog predmeta nego što mi neposredno treba, moj višak proizvodnje je *sračunat* na tvoju potrebu, rafiniran. Ja samo prividno proizvodim više tog predmeta. Uistinu ja proizvodim *drugi* predmet, predmet tvoje proizvodnje koji namjeravam razmijeniti za ovaj višak, to je razmjena koju sam ja već izvršio u mislima. Stoga je *društveni* odnos u kojemu se ja nalazim prema tebi, moj rad za tvoju potrebu, također običan *privid*, a naša međusobna dopuna isto je tako običan *privid*, čiju osnovu čini uzajamna pljačka. Namjera pljačkanja, prevare, nužno se nalazi u pozadini, jer je naša razmjena sebična, kako s moje tako i s tvoje strane, a pošto svaka sebičnost želi da premaši tuđu, mi nužno pokušavamo da se međusobno prevarimo. Mjeri moći koju priznajem svom predmetu nad tvojim, potrebno je, naravno, tvoje *priznanje* da bi postala zbiljskom snagom. Međutim, naše međusobno priznanje o uzajamnoj moći naših predmeta jest borba, a u borbi pobjeđuje onaj koji ima više energije, snage, oštroumnosti i okretnosti. Ako je dovoljna fizička snaga, ja te direktno pljačkam. Ako je slomljeno carstvo fizičke snage, obojica se pravimo da to ne primjećujemo i spretniji prevari drugoga. Tko će koga prevariti, to je za *cjelinu* odnosa slučaj. *Ideelno, mišljeno* varanje događa se na obje strane, tj. svaki od njih dvojice je u svom vlastitom sudu prevario drugoga.

61

Razmjena se, dakle, nužno posreduje objema stranama pomoću *predmeta* uzajamne proizvodnje i uzajamnog posjeda. Ideelni odnos prema uzajamnim predmetima naše proizvodnje jest svakako naša uzajamna potreba. Ali *realni* odnos, koji se postavlja u zbiljnosti, *pravi* odnos koji se izvodi, jest samo uzajamni *ekskluzivni posjed* uzajamne proizvodnje. Što tvojoj potrebi za mojom stvari daje *vrijednost, dostojanstvo, efekt* za mene, to je jedino tvoj *predmet, ekvivalent* mog predmeta. Naš uzajamni proizvod je, dakle, *sredstvo, posredovanje, instrument, priznata moć* naših uzajamnih potreba jednih nad drugima. Tvoja *potražnja* i *ekvivalent tvog posjeda* su, dakle, *istoznačni,* jednako vrijedni termini za mene, a tvoja potražnja ima tek *smisla* kad djeluje, kad ima smisla za mene i kad djeluje na mene. Tebi kao običnom čovjeku bez tog instrumenta tvoja potražnja je nezadovoljena težnja, pomisao koja za mene ne postoji. Ti kao čovjek ne stojiš, dakle, ni u kakvom odnosu prema mom predmetu, jer ja sâm nemam čovječnog odnosa prema njemu. Ali *sredstvo* je *prava moć* nad predmetom i zato mi naš proizvod uzajamno gledamo kao *moć* jednoga nad drugim i nad samim sobom, tj. naš vlastiti proizvod propeo se protiv nas, izgleda kao naše vlasništvo, u stvari mi smo njegovo vlasništvo. Mi smo sami isključeni iz *pravog* vlasništva, jer naše *vlasništvo* isključuje drugog čovjeka.

Jedini razumljivi jezik kojim govorimo jesu naši predmeti u njihovu međusobnom odnosu. Ljudski jezik ne bismo razumjeli i bio bi bez efekta; njega bi jedna strana smatrala i osjećala molbom, preklinjanjem, i zato poniženjem, i služila bi se njime sa sramom, s osjećanjem odbačenosti, a druga strana smatrala bi ga *bezobrazlukom* ili *bezumljem* i odbacila bi ga. Mi smo uzajamno toliko otuđeni ljudskoj biti da nam se neposredni jezik te biti čini kao *povreda ljudskog dostojanstva*, dok nam se otuđeni jezik predmetnih vrijednosti čini kao opravdano ljudsko dostojanstvo koje ima u sebe povjerenja i koje samo sebe priznaje.

Razumije se: u tvojim očima tvoj je proizvod *instrument, sredstvo* za osvajanje mog proizvoda i stoga za zadovoljenje tvoje potrebe. Ali u mojim očima to je *svrha* naše razmjene. Ti mi, naprotiv, vrijediš kao sredstvo i instrument za proizvodnju ovog predmeta koji je svrha za mene, kao što ti obrnuto u tom odnosu vrijediš za moj predmet. Ali 1) svaki od nas *čini,* u stvari, ono za što ga drugi smatra. Ti si sebe zaista učinio sredstvom, instrumentom, proizvođačem *tvog* vlastitog predmeta da bi se domogao mojega; 2) tvoj vlastiti predmet samo je *osjetilni plašt. skriveni oblik* mog predmeta; jer njegova proizvodnja *znači,* želi da *kaže: stjecanje* mog predmeta. Dakle, u stvari, ti si za sebe samog postao *sredstvo, instrument* tvog predmeta, čiji je *rob* tvoja požuda i ti si vršio ropske usluge da predmet tvoje požude nikada više ne učini milost. Ako se to uzajamno ropstvo predmeta preko nas u početku razvitka javlja zaista kao odnos *vlasti* i *ropstva,* to je samo *grubi* i *otvoreni* izraz našeg *bitnog* odnosa.

Naša *uzajamna* vrijednost za nas je *vrijednost* naših uzajamnih predmeta. Dakle, sam čovjek nama je uzajamno *bezvrijedan.*

Pretpostavimo da proizvodimo kao ljudi: svaki od nas bi u svojoj proizvodnji *dvostruko potvrđivao* sebe i drugoga. Ja bih 1) u svojoj *proizvodnji* opredmetio svoju *individualnost,* njenu *svojevrsnost* i stoga bih za vrijeme djelatnosti uživao individualno *ispoljavanje života* kao što bih u promatranju predmeta spoznao individualnu radost, svoju ličnost kao *predmetnu, osjetilno vidljivu* i stoga kao moć uzvišenu *iznad svih sumnji.* 2) U tvom užitku ili tvojoj upotrebi mog predmeta ja bih *neposredno* imao užitak i bio svjestan da sam u svome radu zadovoljio *ljudsku* potrebu, kao i da sam opredmetio *ljudsko* biće i da sam stoga potrebi drugog *ljudskog* bića pribavio njen odgovarajući predmet; 3) da sam za tebe bio *posred-*

nik između tebe i tvoga roda, dakle, ti bi me sâm saznao i osjetio kao dopunu tvog vlastitog bića i kao nužni dio, da sam se potvrdio kako u tvom mišljenju tako i u tvojoj ljubavi; 4) da sam u svom individualnom ispoljavanju života stvorio neposredno tvoje ispoljavanje života, dakle, u svojoj individualnoj djelatnosti *potvrdio* i *ozbiljio* moje pravo biće, moje *ljudsko, zajedničko biće.*

Naše proizvodnje bile bi isto toliko ogledala u kojima bi se odražavalo naše biće.

Ovaj odnos postaje pri tom uzajaman: s tvoje strane treba da se događa ono što se događa s moje strane.

Razmotrimo različite momente kako se pojavljuju u pretpostavci:

Moj rad bio bi *slobodno ispoljavanje života,* stoga *užitak života.* Pod pretpostavkom privatnog vlasništva on je *ospoljavanje života,* jer ja radim da bih *živio,* da bih sebi pribavio sredstva za život. Moj rad *nije* život.

Drugo: stoga bi u radu bila potvrđena *svojevrsnost* moje individualnosti, jer je potvrđen moj *individualni* život. Rad bi, dakle, bio *pravo, djelatno vlasništvo.* Pod pretpostavkom privatnog vlasništva moja individualnost *ospoljena* je toliko da je ta *djelatnost* meni *mrska, mučenje* i, štoviše, samo *privid* djelatnosti; zato je samo *iznuđena* djelatnost i nametnuta mi je *spoljašnjom* slučajnom nuždom, a *ne unutrašnjom neophodnom* nuždom.

Samo kao ono što moj rad jeste može se on pojaviti u mome predmetu. On se ne može pojaviti kao nešto što on *nije* po svojoj biti. Zato se on javlja samo još kao predmetni, osjetilni, promotreni i zato iznad svake sumnje uzvišeni izraz mog *samogubitka* i moje *nemoći.*

(III, 288—291)

2.

UMJETNOST I DRUŠTVO

KARL MARX: PRILOG KRITICI POLITIČKE EKONOMIJE

Opći rezultat do kojeg sam došao i koji mi je, kad sam već došao do njega, poslužio kao putokaz u mojim studijama, može se ukratko ovako formulirati. U društvenoj proizvodnji svoga života ljudi stupaju u određene, nužne odnose, nezavisne od njihove volje, odnose proizvodnje, koji odgovaraju određenom stupnju razvitka njihovih materijalnih proizvodnih snaga. Cjelokupnost tih odnosa proizvodnje sačinjava ekonomsku strukturu društva, realnu osnovu na kojoj se diže pravna i politička nadgradnja i kojoj odgovaraju određeni oblici društvene svijesti. Način proizvodnje materijalnog života uvjetuje proces socijalnog, političkog i duhovnog života uopće. Ne određuje svijest ljudi njihovo biće, već obrnuto, njihovo društveno biće određuje njihovu svijest. Na izvjesnom stupnju svoga razvitka materijalne proizvodne snage društva dolaze u protivurječje s postojećim odnosima proizvodnje, ili, što je samo pravni izraz za to, sa odnosima vlasništva u čijem su se okviru dotle kretale. Iz oblika razvijanja proizvodnih snaga ti se odnosi pretvaraju u njihove okove. Tada nastupa epoha socijalne revolucije. S promjenom ekonomske osnove vrši se sporije ili brže prevrat cijele ogromne nadgradnje. Pri promatranju ovakvih prevrata mora se uvijek razlikovati materijalni prevrat u ekonomskim uslovima proizvodnje, koji se dade konstatirati s tačnošću fizičkih nauka, od pravnih, političkih, religioznih, umjetničkih ili filozofskih, ukratko, od ideoloških oblika u kojima ljudi postaju svijesni toga sukoba i borbom ga rješavaju. Kao god što neki individuum ne ocjenjujemo šta je po onome što on o sebi misli da jest, tako ni o ovakvoj prevratnoj epohi ne možemo stvarati sud iz njene svijesti, već, naprotiv, moramo tu svijest objašnjavati iz protivurječnosti materijalnog života, iz postojećeg sukoba među društvenim proizvodnim snagama i odnosima proizvodnje. Nikada neka društvena formacija ne propada prije no što budu razvijene sve proizvodne snage za koje je ona dovoljno prostrana, i nikad novi, viši odnosi proizvodnje ne nastupaju prije no što se materijalni uslovi njihove egzistencije nisu već rodili u krilu samog starog društva. Stoga čovječanstvo postavlja sebi uvijek samo one zadatke koje može da riješi, jer kad tačnije promatramo, uvijek ćemo naći da se sam zadatak rađa samo tamo gdje materijalni uslovi za njegovo rješenje već postoje ili se bar nalaze u procesu svoga nastajanja. U općim linijama mogu se azijatski, antički, feudalni i moderni buržoaski način proizvodnje označiti kao progresivne epohe ekonomske društvene formacije. Buržoaski odnosi proizvodnje jesu posljednji antagonistički oblik društvenog procesa proizvodnje, ne antagonistički u smislu individualnog antagonizma, nego antagonizma koji potječe iz društvenih životnih uslova individuuma, ali u isti mah proizvodne snage koje se razvijaju u krilu buržoaskog društva stvaraju materijalne uslove za rješenje toga antagonizma. Zato se sa tom društvenom formacijom završava prethistorija ljudskog društva.

(XX, 332—333)

KARL MARX — FRIEDRICH ENGELS: NEMAČKA IDEOLOGIJA

Proizvodnja ideja, predstava, svesti je najpre neposredno utkana u materijalnu delatnost i materijalno opštenje ljudi, jezik stvarnog života. Predstava, mišljenje, duhovno opštenje ljudi javljaju se ovde još kao neposredan proizvod njihovog materijalnog opštenja. To isto važi i za duhovnu proizvodnju, onakvu kakva se pokazuje u jeziku politike, zakona, morala, religije, metafizike itd. jednog naroda. Ljudi su proizvođači svojih predstava, ideja itd. — ali to su stvarni, delotvorni ljudi, onakvi kakvi su uslovljeni određenim razvitkom svojih proizvodnih snaga i opštenja koje odgovara tim snagama — sve do najdaljih formacija tog opštenja. Svest nikada ne može biti ništa drugo do svesno bivstvovanje, a bivstvovanje ljudi je stvarni proces njihova života. Ako su u celokupnoj ideologiji ljudi i njihovi odnosi postavljeni na glavu, kao u kakvoj camera opscura, ovaj fenomen proizlazi iz istorijskog procesa njihovog života, isto tako kao što i obrnuta slika predmetâ na mrežnjači oka proizlazi iz neposrednog fizičkog procesa njihovog života.

Sasvim suprotno nemačkoj filozofiji, koja se spušta sa neba na zemlju, ovde se sa zemlje podiže na nebo. To jest, ne polazi se od onoga što ljudi govore, uobražavaju, sebi predstavljaju, a ni od ljudi koji postoje samo u rečima, mislima, uobraziljji, predstavi, da bi se od njih stiglo do stvarnih ljudi; polazi se od stvarno delotvornih ljudi i iz stvarnog procesa njihovog života izvodi se i razvitak ideoloških refleksa i odjeka tog životnog procesa. I maglovite tvorevine u mozgu ljudi predstavljaju neophodne sublimate materijalnog procesa njihovog života, procesa koji se može empirijski ustanoviti, a vezan je za materijalne pretpostavke. Moral, religija, metafizika i ostala ideologija, i oblici svesti koji njima odgovaraju time gube privid samostalnosti. Oni nemaju istoriju, nemaju razvitak, već ljudi koji razvijaju svoju materijalnu proizvodnju i svoje materijalno opštenje menjaju zajedno sa tom svojom stvarnošću i svoje mišljenje i proizvode svog mišljenja. Ne određuje svest život, već život određuje svest. Pri prvom načinu posmatranja polazi se od svesti kao žive individue, pri drugom, koji odgovara stvarnom životu, od samih stvarnih životnih individua i svest se posmatra samo kao *njihova* svest.

(VI, 22—23)

Ovo shvatanje istorije zasniva se, dakle, na tome da se, upravo polazeći od materijalne proizvodnje neposrednog života, razvije stvarni proces proizvodnje, i da se oblik opštenja koji je povezan s tim načinom proizvodnje i čiji je ona tvorac, dakle, građansko društvo na njegovim različitim stupnjevima, shvati kao osnova čitave istorije, da se ono u svojoj akciji prikaže kao država, kao i da se svi različiti teorijski proizvodi i oblici svesti, religija, filozofija, moral itd. itd. objasne na osnovu njega, i da se prati kako ono, sa svoje strane, razvija njih; — i tada je, naravno, mogućno stvar prikazati u celini (a stoga i uzajamno dejstvo tih raznih snaga). Ovo shvatanje ne mora, kao idealističko posmatranje istorije, u svakom periodu tražiti neku kategoriju, već stalno ostaje na *tlu* stvarne istorije, ne objašnjava praksu na osnovu ideje, već formacije

70

ideja objašnjava na osnovu materijalne prakse i, prema tome, dolazi i do tog rezultata da se svi oblici i proizvodi svesti ne mogu razrešiti duhovnom kritikom, razvrstavanjem u „samosvest" ili pretvaranjem u „priviđenje", „aveti", „bube u glavi" itd., već samo praktičnim rušenjem realnih društvenih odnosa, iz kojih su ponikle te idealističke koještarije — da nije kritika, već je revolucija pogonska sila istorije, a i religije, filozofije i ostale teorije. Ono pokazuje da istorija ne završava tako što se razrešava u „samosvest" kao „duh od duha", već da se u njoj na svakom stupnju zatiče neki materijalni rezultat, izvestan zbir proizvodnih snaga, istorijski sazdan odnos prema prirodi i odnos među individuama — zbir koji svakoj generaciji ostavlja prethodna generacija, masa proizvodnih snaga, kapitala i okolnosti, koju, s jedne strane, nova generacija, istina, modifikuje, ali koja, s druge strane, toj generaciji propisuje njene sopstvene uslove života i daje joj određeni tok razvitka, poseban karakter — dakle, da okolnosti stvaraju ljude isto onoliko koliko i ljudi okolnosti. Ovaj zbir proizvodnih snaga, kapitala i društvenih oblika opštenja, koji svaka individua i svaka generacija zatiče kao nešto dato, predstavlja realnu osnovu onoga što filozofi zamišljaju kao „supstanciju" i „suštinu čoveka", što su obožavali i protiv čega su se borili — realnu osnovu čija dejstva i uticaji na razvitak ljudi ni najmanje nisu ometani time što su ti filozofi u vidu „samosvesti" i „Jedinstvenog" ustaju protiv nje. Ovi uslovi života koje zatiču razne generacije igraju presudnu ulogu i u tome da li će revolucionarni potresi, koji se periodično ponavljaju u istoriji, biti dovoljno snažni da sruše osnovu svega postojećeg, a ukoliko nema tih materijalnih elemenata totalnog prevrata, naime, s jedne strane proizvodnih snaga, a s druge obrazovanja revolucionarne mase koja ustaje ne samo protiv pojedinih uslova dotadašnjeg društva

71

već i protiv same dosadašnje „proizvodnje života", protiv te „celokupne delatnosti" na kojoj ono počiva — onda je za praktični razvitak sasvim nevažno to da li je *ideja* o tom prevratu izrečena već stotinu puta — kako to dokazuje istorija komunizma.

(VI, 38—39)

Misli vladajuće klase su u svakoj eposi vladajuće misli, tj. klasa koja predstavlja vladajuću *materijalnu* silu društva ujedno je i njegova vladajuća *duhovna* sila. Klasa kojoj stoje na raspolaganju sredstva za materijalnu proizvodnju raspolaže time u isto vreme i sredstvima za duhovnu proizvodnju, tako da su joj na taj način, u proseku, potčinjene i misli onih koji nemaju sredstva za duhovnu proizvodnju. Vladajuće misli nisu ništa drugo do idejni izraz vladajućih materijalnih odnosa, vladajući materijalni odnosi izraženi u obliku misli; dakle, izraz odnosa koji čine vladajućom upravo tu jednu klasu, prema tome, misli njene vladavine. Individue koje sačinjavaju vladajuću klasu imaju, između ostalog, i svest i, stoga, misle: dakle, ukoliko one vladaju kao klasa i određuju čitav obim jedne istorijske epohe, samo se po sebi razume da one to čine celim svojim opsegom, pa, između ostalog, vladaju i kao stvorenja koja misle, kao proizvođači misli, regulišu proizvodnju i raspodelu misli svoga doba; dakle, po sebi je razumljivo da su njihove misli vladajuće misli te epohe. Na primer, u periodu i u zemlji gde se kraljevska vlast, aristokratija i buržoazija bore za najvišu vlast, gde je, dakle, vlast podeljena — kao vladajuća misao javlja se doktrina o podeli vlasti, koja se proglašava za „večni zakon".

Podela rada, koju smo već gore našli kao jednu od glavnih sila dosadašnje istorije, ispoljava se sada i u vladajućoj klasi kao podela duhovnog i materijalnog rada, tako da u okviru ove klase jedan njen deo istupa u ulozi mislilaca te klase (to su njeni aktivni ideolozi, sposobni da stvaraju koncepcije, za koje je glavni način da se prehrane stvaranjem iluzija te klase o samoj sebi), dok se drugi prema tim mislima i iluzijama odnose više pasivno, pokazujući spremnost da ih prihvate, zato što su oni u stvarnosti aktivni članovi te klase i imaju manje vremena da stvaraju iluzije i misli o sebi samima. U okviru te klase takav rascep može čak prerasti u izvesnu suprotnost i neprijateljstvo između ta dva dela, što, međutim, samo od sebe otpada u slučaju svake praktične kolizije, kad je sama klasa ugrožena, kad iščezava i privid da vladajuće misli nisu misli vladajuće klase i da one imaju vlast različitu od vlasti te klase. Postojanje revolucionarnih misli u određenoj eposi već pretpostavlja postojanje jedne revolucionarne klase, o čijim je pretpostavkama već gore rečeno ono što je potrebno.

Ako se u shvatanju toka istorije misli vladajuće klase odvoje od vladajuće klase, ako se učine samostalnim, ako se zadovolji time da su u jednoj eposi vladale ove ili one misli, a ne uzmu u obzir uslovi proizvodnje i proizvođači tih misli, ako se, dakle, izuzmu individue i prilike u svetu koje se nalaze u osnovi tih misli — onda se, npr., može reći da su u doba kada je vladala aristokratija vladali pojmovi „čast", „vernost" itd., a za vreme vladavine buržoazije pojmovi „sloboda", „jednakost" itd.

(VI, 43—44)

KARL MARX — FRIEDRICH ENGELS:
MANIFEST KOMUNISTIČKE PARTIJE

Zar je potrebna duboka mudrost da bi se razumjelo da se sa životnim odnosima ljudi, s njihovim društvenim odnosima, s njihovim društvenim životom, mijenjaju i njihove predstave, ogledi i pojmovi, jednom riječi — i njihova svijest?

Zar istorija ideja dokazuje nešto drugo nego da se duhovna proizvodnja mijenja s materijalnom proizvodnjom? Vladajuće ideje nekog vremena bile su vazda samo ideje vladajuće klase.

Govori se o idejama koje revolucionišu cijelo društvo; time se samo iskazuje činjenica da su se u okviru starog društva izgradili elementi novog društva, da s raspadanjem starih životnih odnosa ide ukorak i raspadanje starih ideja.

Kad je stari svijet propadao, hrišćanska religija je pobijedila stare religije. Kad su u 18. stoljeću hrišćanske ideje padale pred idejama prosvijećenosti, vodilo je feudalno društvo svoju samrtnu borbu protiv tada revolucionarne buržoazije. Ideje o slobodi savjesti i religije bile su samo izraz vladavine slobodne konkurencije u oblasti savjesti.

„Ali", kazaće neko, „vjerske, moralne, filozofske, političke, pravne ideje itd. zaista su se mijenjale u toku istorijskog razvitka. Religija, moral, filozofija, politika i pravo stalno su se održavali u tome mijenjanju.

Uz to, ima vječitih istina, kao što su sloboda, pravičnost itd., koje su zajedničke svim društvenim uređenjima. A komunizam ukida vječite istine, ukida religiju, ukida moral, umjesto da im da nov oblik; on, dakle, protivrječi cjelokupnom dosadašnjem istorijskom razvitku."

Na šta se svodi ova optužba? Istorija cijelog dosadašnjeg društva kretala se u klasnim suprotnostima, koje su u različitim epohama imale različite oblike.

Ali ma kakav oblik da su klasne suprotnosti uzimale, eksploatacija jednog dijela društva od strane drugog dijela predstavlja činjenicu zajedničku svim proteklim stoljećima. Zato nije čudno što se društvena svijest svih stoljeća, usprkos svoj mnogostrukosti i raznolikosti, kreće u izvjesnim zajedničkim oblicima, oblicima svijesti koji se potpuno gube tek s potpunim iščezavanjem klasne suprotnosti.

Komunistička revolucija jeste najradikalnije kidanje s tradicionalnim odnosima cjeline, pa nije čudo što se u toku njenog razvitka najradikalnije kida s tradicionalnim idejama.

(VII, 394—395)

FRIEDRICH ENGELS: *ANTI-DÜHRING*

Vrlo je jeftino napadati opštim frazama ropstvo i slične stvari i liti potoke visokomoralnog gneva na takve sramne pojave. Na žalost, time se kaže samo ono što svako zna, naime, da te antičke ustanove više ne odgovaraju našim današnjim prilikama ni osećanjima koja su određena tim prilikama. Ali time ne saznajemo ni rečce o tome kako su nastale te ustanove, zašto su postojale i kakvu su ulogu igrale u istoriji. A upustimo li se u to, onda moramo reći, ma koliko da to zvuči protivrečno i jeretički, da je pod tadašnjim okolnostima uvođenje ropstva bilo veliki napredak. Nemoguće je zaobići činjenicu da je čovečanstvo otpočelo od životinje i da su mu zato bila potrebna varvarska, gotovo životinjska sredstva da bi se iščupalo iz varvarstva. Stare zajednice, gde su se održale, čine kroz hiljade godina temelj najsurovijeg oblika države, orijentalne despotije, od Indije do Rusije. Jedino tamo gde su se one raspale narodi su sami od sebe dalje napredovali, i njihov prvi ekonomski napredak sastojao se u povećanju i usavršavanju proizvodnje posredstvom robovskog rada. Jasno je: dokle god je ljudski rad bio tako slabo produktivan da je davao samo mali suvišak iznad nužnih sredstava za život, dotle su povećanje proizvodnih snaga, proširenje saobraćaja, razvitak države i prava, stvaranje umetnosti i nauke bili mogući samo posredstvom povećane podele rada. A njenu je osnovicu morala da sačinjava velika podela rada

76

između masa koje vrše prost ručni rad i malog broja povlašćenih koji upravljaju radom, bave se trgovinom, državnim poslovima, a kasnije umetnošću i naukom. Najprostiji, najprimitivniji oblik te podele rada bilo je upravo ropstvo. Kod datih istorijskih pretpostavki staroga, specijalno grčkog sveta, napredak koji se sastojao u prelasku u društvo zasnovano na klasnim suprotnostima mogao se izvršiti samo u obliku ropstva. Čak i za robove je to bilo napredak; ratni zarobljenici iz kojih se masa robova regrutovala, sad su bar ostajali u životu umesto da budu pobijeni kao pre toga, ili čak i ispečeni kao još ranije.

(XXXI, 138—139)

FRIEDRICH ENGELS: *POREKLO PORODICE, PRIVATNE SVOJINE I DRŽAVE*

Puni procvat višeg stupnja varvarstva susrećemo u homerovskim spevovima, naročito u *Ilijadi*. Usavršeno gvozdeno oruđe, meh, ručni mlin, grnčarsko kolo, spravljanje ulja i vina, usavršeno obrađivanje metala, koje prelazi u umetnički zanat, kola i bojna kola, brodogradnja od greda i debelih dasaka, počeci arhitekture kao umetnosti, gradovi opasani zidom s kulama i zupčastim otvorima, homerovski ep i čitava mitologija — to su glavna nasleđa koja su Grci preneli iz varvarstva u civilizaciju. Ako s tim uporedimo Cezarovo, pa čak i Tacitovo opisivanje Germana, koji su se nalazili na početku istog kulturnog stupnja iz koga su se Grci Homerova doba baš spremali da pređu u viši stupanj, onda vidimo kakvo bogatstvo razvoja proizvodnje sadrži u sebi viši stupanj varvarstva.

Slika razvoja čovečanstva kroz divljaštvo i varvarstvo ka počecima civilizacije, koju sam ovde skicirao prema Morganu, već je dovoljno bogata novim i, što je još više, neospornim obeležjima, jer su ova uzeta neposredno iz proizvodnje. Ipak, ta će slika izgledati bleda i nepotpuna kad je uporedimo sa slikom koja će nam se ukazati na kraju našeg putovanja: tek tada će biti moguće potpuno osvetliti prelaz iz varvarstva u civilizaciju i njihovu upadljivu suprotnost. Zasad možemo Morganovu podelu ovako uopštiti: *divljaštvo — period u kome preovlađuje prisvajanje gotovih prirodnih proizvo-*

78

da; veštački čovekovi proizvodi pretežno su pomoćna oruđa za to prisvajanje; *varvarstvo* — period čije su tekovine stočarstvo i zemljoradnja, period u kome čovek stiče metode za povećanu proizvodnju prirodnih proizvoda ljudskom delatnošću; *civilizacija* — period u kome čovek stiče znanja dalje prerade prirodnih proizvoda, period prave industrije i umetnosti.

(XXXII, 28—29)

4. *Monogamska porodica*. Kao što smo pokazali, ona se razvija iz sindijazmičke porodice u prelaznom dobu između srednjeg i višeg stupnja varvarstva; njena krajnja pobeda je jedno od obeležja početka civilizacije. Ona se zasniva na vladavini muškarca, sa izričitim ciljem rađanja dece s neospornim očinstvom, a to se očinstvo zahteva jer ta deca, kao rođeni naslednici, imaju da naslede jednog dana očevo imanje. Monogamska porodica razlikuje se od sindijazmičke mnogo većom čvrstinom bračne veze, koja se sada više ne može raskidati po volji obeju strana. Sada, po pravilu, može samo još muž da je raskine i da otera svoju ženu. Pravo na bračno neverstvo dopušteno mu je i sada, bar još na osnovu običaja (Code Napoléon izričito daje to pravo mužu dokle god ne dovede suložnicu u bračni dom), te se ono, sa sve većim društvenim razvojem, sve više praktikuje; ako se žena seti stare polne prakse i poželi da je obnovi, kažnjava se strože nego ikad ranije.

Taj novi oblik porodice nalazimo u svoj njegovoj surovosti kod Grka. Dok nam, kao što primećuje Marx, položaj boginja u mitologiji pokazuje raniji period, kad su žene još imale slobodniji i ugledniji položaj, u herojsko doba nalazimo ženu već uniženu prevlašću muža i konkurencijom robinja. Treba samo pročitati u *Odiseji* kako Telemah odbija i ućutkava

79

svoju majku. Kod Homera su zarobljene mlade žene plen pohote pobednika; zapovednici biraju sebi redom po rangu, najlepše; cela *Ilijada* prožeta je, kao što je poznato, svađom između Ahila i Agamemnona zbog jedne takve robinje. Uz svakog značajnog Homerovog junaka spominje se zarobljena devojka, s kojom on deli šator i postelju. Oni vode sa sobom te devojke i u domovinu i u bračni dom, kao, kod Eshila, Agamemnon Kasandru; sinovi rođeni s takvim robinjama dobijaju jedan mali deo očinskog nasledstva i smatraju se kao potpuno slobodni; Teukros je takav vanbračni sin Telamona i ima pravo da se zove po svom ocu. Od supruge se očekuje da se pomiri sa svim tim, a da sama sačuva strogu čednost i supružansku vernost. Grčka žena herojskog doba je, doduše, poštovanija nego žena u periodu civilizacije, ali ona je, na kraju krajeva, ipak za muža samo mati njegove bračne dece-naslednika, njegova vrhovna upraviteljica kuće i starešina robinja, koje on može po volji učiniti svojim konkubinama, što i čini. Postojanje ropstva pored monogamije, prisustvo mladih lepih robinja koje pripadaju potpuno *mužu* dalo je od početka monogamiji svoje specifično obeležje — monogamija *samo za ženu*, ali ne i za muža. A to obeležje ona ima još i danas.

Među poznijim Grcima moramo praviti razliku između Dorana i Jonjana. Prvi, čiji je klasičan primer Sparta, imaju u mnogom pogledu bračne odnose još starodrevnije čak od onih koje opisuje Homer. U Sparti važi sindijazmički brak, koji je država modifikovala prema tamošnjim shvatanjima i koji još u ponečemu podseća na grupni brak. Brakovi bez dece razvode se; kralj Anaksandrid (oko 560. pre n. e.) uzeo je, pored svoje žene bez dece, još jednu, i vodio dva domaćinstva; u isto doba kralj Ariston je uzeo, pored dveju žena nerotkinja, treću, ali je zato otpustio jednu od prvih. S druge strane, nekolicina braće smela je da ima zajedničku ženu; prijatelj kome se više sviđala prijateljeva žena smeo je s njim da je deli, i smatralo se da je pristojno staviti ženu na raspolaganje dobrom „pastuvu", kako bi rekao Bismarck, čak i kad on nije bio građanin. Prema jednom mestu kod Plutarha, gde jedna Spartanka upućuje na svog muža ljubavnika, koji je progoni predlozima, izgleda — po Schoemannu — da je vladala čak još veća moralna sloboda. Stoga je stvarno brakolomstvo, neverstvo žene iza leđa mužu, bilo nešto nečuveno. S druge strane, u Sparti, bar u zlatno doba, bili su nepoznati domaći robovi; neslobodni heloti živeli su odvojeno na imanjima; stoga su spartijati bili izloženi manjem iskušenju da uzimaju njihove žene. Prirodno je da su žene u Sparti pod svim tim okolnostima zauzimale mnogo uvaženiji položaj nego u ostalih Grka. Spartanske žene i elita atinskih hetera jedine su grčke žene o kojima ljudi antike govore s poštovanjem i čije reči smatraju vrednim da se zabeleže.

Sasvim je drukčije kod Jonjana, za koje je karakteristična Atina. Devojke su učile samo predenje, tkanje i šivenje, u najboljem slučaju nešto čitanja i pisanja. One su živele gotovo kao zatvorenice, družile su se samo s drugim ženama. Odaja za žene bila je izdvojeni deo kuće na gornjem spratu ili u zadnjem delu kuće, u koju nisu lako ulazili muškarci, naročito stranci, i u koju su se one povlačile prilikom poseta muškaraca. Žene nisu izlazile bez pratnje robinje; kod kuće su bile u bukvalnom smislu pod stražom; Aristofan pominje mološke pse koje su držali radi zastrašivanja preljubnika, a u azijskim gradovima bar su radi čuvanja žena držali evnuhe, koji su na Hiosu već u Herodotovo doba fabrikovali za trgovinu, i to, po Wachsmuthu, ne samo za varvare. Kod Euripida žena se označava kao *oikurema* (reč je srednjeg roda) kao stvar za staranje o kući, i ona je, izuzev rađanja dece, za Atinjanina bila samo vrhovna služavka. Muž je imao svoje gimnastičke vežbe, svoje javne poslove, iz kojih je žena bila isključena; osim toga, on je često imao na svom raspolaganju robinje, a u doba cvetanja Atine rasprostranjenu i od države, u najmanju ruku, povlašćenu prostituciju. Upravo na osnovu te prostitucije razvili su se jedini grčki tipovi žena koji se duhom i izgrađenim umetničkim ukusom isto toliko uzdižu iznad opšteg nivoa antičkih žena koliko Spartanke karakterom. Ali okolnost što je žena morala najpre biti hetera da bi postala žena predstavlja najoštriju osudu atinske porodice.

(XXXII, 54—56)

Fratrija je bila, kao i kod Amerikanaca, matični gens koji se pocepao na više gensova-izdanaka i koji ih je sjedinjavao, i koji je, često još, izvodio poreklo svih njih od zajedničkog praoca. Tako su, po Grote-u,

„svi istovremeni članovi fratrije Hekateja imali jednog istog boga za praoca u šesnaestom kolenu";

svi gensovi ove fratrije bili su, dakle, bratski gensovi u punom smislu reči. Fratrija se javlja još kod Homera kao vojna jedinica na čuvenom mestu gde Nestor savetuje Agamemnona: svrstaj ljude po plemenima i fratrijama, da bi fratrija pomogla fratriji, a pleme plemenu. — Inače, fratrija je imala pravo i dužnost gonjenja ubice koji je izvršio ubistvo nad fratorom, dakle, u ranije doba i obavezu krvne osvete. Ona je, dalje, imala zajedničke svetinje i svetkovine, kao što je i izgradnja celokupne grčke mitologije iz tradicionalnog staroarijevskog kulta prirode u suštini bila uslovljena gensovima i fratrijama, i u okviru njih se i zbivala. Dalje, ona je imala svog starešinu (phratriarchos) i, po de Coulangesu, takođe skupštine i pravo donošenja obaveznih odluka, sudsku vlast i upravu. Čak i docnija država, koja je ignorisala gens, ostavila je fratriji vršenje izvesnih javnih dužnosti.

82

Više srodnih fratrija obrazuje pleme. U Atici su bila četiri plemena, svako sa po tri fratrije, od kojih je svaka brojala trideset gensova. Tako tačno odmeravanje grupa pretpostavlja svesno, plansko mešanje u stihijno nastali poredak. Kako, kada i zašto se ovo dogodilo, o tome grčka istorija ne govori, a i sami Grci sačuvali su uspomenu na raniju istoriju tek od herojskog doba.

Kako su Grci bili stešnjeni u srazmerno maloj oblasti, razlike u dijalektima su bile kod njih manje razvijene nego u prostranim američkim šumama; ipak i ovde nalazimo samo plemena istog glavnog dijalekta ujedinjena u veću celinu, i čak u maloj Atici poseban dijalekt koji je docnije postao vladajući, kao opšti prozni jezik.

U Homerovim epovima nalazimo grčka plemena većinom već ujedinjena u male narode, u čijim su granicama, međutim, gensovi, fratrije i plemena još potpuno sačuvali svoju samostalnost. Oni su već živeli u gradovima koji su bili utvrđeni zidovima. Broj stanovništva je rastao s proširivanjem stada i zemljoradnje i počecima zanata; time su rasle imovinske nejednakosti, a sa njima aristokratski element u okviru stare, samonikle demokratije. Pojedini mali narodi vodili su neprekidne ratove radi osvajanja najboljih predela, a svakako i radi plena; ropstvo ratnih zarobljenika bila je već priznata ustanova.

Uređenje ovih plemena i malih naroda bilo je ovakvo:

1. Stalna vlast bila je *veće*, bulê, prvobitno sastavljeno svakako od starešina gensova, a docnije, kad je njihov broj suviše narastao od posebno izabranih, što je pružalo priliku za obrazovanje i jačanje aristokratskog elementa, kao što i Dionisije govori da je upravo veće herojskog doba bilo sastavljeno od uglednih lica (krátistoi). Veće je konačno odlučivalo o važnim pitanjima, Tako je veće Tebe, kod Eshila, donelo za date okolnosti odsudnu odluku da se Eteoklo sahrani s počastima, a da se Polinikovo telo

baci psima. Kad je ustanovljena država, ovo se veće pretvorilo u docniji senat.

2. *Narodna skupština* (agora). Kod Irokeza smo videli kako narod, muškarci i žene, stoji oko veća, na određeni način uzima učešće u raspravljanju i tako utiče na njegove odluke. Kod homerovskih Grka ova se „okolina" *(Umstand)*, da upotrebimo staronemački sudski izraz, već razvila u potpunu narodnu skupštinu, kao što je to bilo i kod Nemaca u prastaro doba. Veće je sazivalo narodnu skupštinu radi odlučivanja o važnim poslovima; svaki čovek je mogao uzeti reč. Odluka se donosila dizanjem ruke (Eshil u *Pribeglicama)* ili aklamacijom. Ona je bila suverena u poslednjoj instanciji, jer, kaže Schoemann (Griechische Alterthümer),

„ako je u pitanju stvar za čije je izvođenje potrebna saradnja naroda, Homer nam ne ukazuje ni na kakvo sredstvo kojim bi se narod mogao prinuditi na to protiv svoje volje".

Jer, u to doba, kad je svaki odrasli muški član plemena bio ratnik, još nije bilo od naroda izdvojene javne vlasti koja bi mu se mogla suprotstaviti. Samonikla demokratija bila je još u punom procvatu, i to mora ostati polazna tačka pri oceni vlasti i položaja kako veća tako i bazileusa.

3. *Vojskovođa* (basileus). Ovde Marx primećuje: „Evropski naučnici, većinom rođeni lakeji vladarâ, prave od basileusa monarha u modernom smislu. Od toga se čuva jenki-republikanac Morgan. On govori vrlo ironično, ali tačno, o uljanom Gladstoneu i njegovom delu *Juventus Mundi:*

‚Gospodin Gladstone nam prikazuje grčke poglavice herojskog doba kao kraljeve i kneževe, dodajući da su bili i džentlmeni; ali i sâm mora da prizna: uglavnom izgleda da nalazimo dovoljno ali ne suviše oštro određen običaj ili zakon nasleđa po provođenju.'"

Svakako će i samom gospodinu Gladstoneu izgledati da u dovoljnoj meri, iako ne suviše oštro, tolikim klauzulama ograničeno nasleđe po prvorođenju vredi taman toliko koliko i nikakvo.

Videli smo kako je bilo s naslednošću starešinstva kod Irokeza i drugih Indijanaca. Sva su zvanja bila izborna, većinom u okviru gensa i utoliko napredna u njemu. Prilikom upražnjenja prednost se postepeno davala najbližem gentilnom srodniku — bratu ili sestriću — ako nije bilo razloga da se on mimoiđe. Ako je, dakle, kod Grka pod vladavinom patrijarhata zvanje bazileusa prelazilo po pravilu na sina ili na jednog od sinova, to je samo dokaz da je ovde bilo verovatno da će sinovi naslediti zvanje putem narodnog izbora, ali nije ni u kom slučaju dokaz pravosnažnog reda nasleđa bez narodnog izbora. U ovom slučaju imamo kod Irokezâ i Grkâ pravi zametak posebnih plemićkih porodica u okviru gensa, a kod Grka još uz to i prvi zametak budućeg naslednog vođstva ili monarhije. Pretpostavka govori, dakle, u prilog tome da je kod Grka bazileus morao biti izabran od naroda, ili bar potvrđen od njegovih priznatih organa — veća ili agore, kao što je to važilo za rimskog „kralja" (rex-a).

U *Ilijadi* zapovednik vojnika Agamemnon ne javlja se kao vrhovni kralj Grkâ, već kao vrhovni zapovednik savezne vojske pred opsednutim gradom. I, kad je izbio razdor među Grcima, na to njegovo svojstvo ukazuje Odisej na čuvenom mestu: nije dobro kad mnogi zapovedaju, neka jedan bude zapovednik itd. (a omiljeni stil sa žezlom docnije je dodat). „Odisej ne drži ovde predavanje o obliku vladavine, već zahteva poslušnost prema vrhovnom vojskovođi u ratu. Grcima, koji se pred Trojom javljaju samo kao vojska, dovoljna je demokratska agora. Kad Ahil govori o darovima, tj. o podeli plena, on podelu ne poverava ni Agamemnonu niti kom drugom bazileusu, nego ‚sinovima Ahejaca', tj. narodu. Predikati ‚od Zevsa rođen', ‚od Zevsa othranjen' ne dokazuju ništa, jer *svaki* gens vodi poreklo od nekog boga, a gens plemenskog starešine već od nekog ‚otmenijeg boga' — ovde Zevsa. Čak su i oni koji su bez lične slobode, kao svinjar Eumej i dr., ,božanski' (dioi i theioi), i to u *Odiseji*, dakle, u mnogo docnije doba nego što je *Ilijada;* u istoj *Odiseji* ime heroja daje se čak i glasniku Muliju i slepom pevaču Demodoku. Ukratko, reč basileia, koju Grčki pisci upotrebljavaju za homerovsko takozvano kraljevstvo (jer je njen glavni pojam vođenje vojske) s većem i narodnom skupštinom, znači samo — vojnu demokratiju." (Marx)

Bazileus je, pored vojne, imao i svešteničku i sudijsku nadležnost; ova druga nije bila bliže određena, a prvu je imao kao vrhovni predstavnik plemena ili saveza plemena. O građanskoj, upravnoj vlasti nema nikada pomena; on je, izgleda, po službenoj dužnosti bio član veća. Stoga je etimološki sasvim ispravno basileus prevesti rečju König (kralj), jer König (Kuning) potiče od Kuni, Künne, i znači starešina gensa. Ali današnje značenje reči König nikako ne odgovara starogrčkom bazileusu. Tukidid izrično naziva staru basileia imenom patrikê, tj. izvedenu iz gensova, i kaže da je imala tačno određena, dakle, ograničena ovlašćenja. A Aristotel govori da je basileia herojskog doba bila vođstvo nad slobodnim ljudima i da je bazileus bio vojskovođa, sudija i prvosveštenik; nije, dakle, imao vlast upravljanja u docnijem smislu.

(XXXII, 84—85)

FRIEDRICH ENGELS: *PISMA*

Po materijalističkom shvatanju istorije, određujući momenat u istoriji jeste u *krajnjoj liniji* proizvodnja i reprodukcija stvarnog života. Više od toga ni Marx ni ja nismo nikad tvrdili. A ako neko to sada izvrne u tom smislu što će reći da je ekonomski momenat *jedino* određujući, onda on pretvara tu rečenicu u apstraktnu, apsurdnu frazu koja ništa ne izražava. Ekonomski položaj je osnova, ali razni momenti nadgradnje — političke forme klasne borbe i njeni rezultati (konstitucije koje pobedničke klase ustanovljuju posle dobijene bitke itd.), pravne forme, pa čak i refleksi svih tih stvarnih borbi u mozgu učesnika, političke, pravne, filozofske teorije, religiozni pogledi i njihov dalji razvitak u sisteme dogmi — vrše takođe uticaj na tok istorijskih borbi i u mnogim slučajevima pretežno određuju njihovu *formu*. To je uzajamno dejstvo svih ovih momenata, u kome se ekonomski pokret kao nužnost konačno probija kroz beskonačno mnoštvo slučajnosti (tj. stvari i događaja čija je međusobna unutrašnja povezanost toliko daleka ili tako nedokaziva da smatramo da i ne postoji, da je možemo zanemariti). Inače bi primena teorije na bilo koji istorijski period bila lakša od rešavanja proste jednačine prvog stepena.

Mi sami pravimo svoju istoriju, ali, prvo, pod vrlo određenim pretpostavkama i uslovima. Među njima su one ekonomske konačno odlučujuće. Ali i politički itd. uslovi, čak i tradicija koja se javlja u glavama ljudi, igraju neku ulogu, mada ne i odlučujuću. Pruska država je takođe nastala i dalje se razvijala zahvaljujući istorijskim, u krajnjoj liniji, ekonomskim uzrocima. Ali, teško se, bez zapadanja u pedanteriju, može tvrditi da je među mnogim malim državama severne Nemačke baš Brandenburg bio odређen da postane velika sila u kojoj su se otelotvorile ekonomske, jezičke, a posle reformacije i religiozne razlike između severa i juga — i da je to bilo uslovljeno ekonomskom nužnošću a ne i drugim momentima (pre svega time što je Brandenburg, posedujući Prusku bio upleten u pitanje Poljske i time i u međunarodne političke odnose — koji su odlučujući i u stvaranju moći austrijskog doma). Teško će neko uspeti da, ne učinivši sebe smešnim, ekonomski objasni postojanje svake nemačke male države iz prošlosti i sadašnjosti, ili poreklo pomeranja glasova u visokonemačkom jeziku, koje je geografsku pregradu, sto su je obrazovale planine od Sudeta do Taunusa, produbilo u formalni jaz kroz Nemačku.

A drugo, istorija se stvara na taj način što konačni rezultat stalno proizlazi iz konflikata mnogih pojedinačnih volja, pri čemu svaka od tih volja postaje ono što jest opet zahvaljujući mnoštvu posebnih životnih uslova; dakle, postoji bezbroj sila koje se ukrštaju, beskonačna grupa paralelograma sila, a odatle izlazi rezultanta — istorijski događaj, koji se i sam, opet, može smatrati proizvodom sile koja deluje kao celina, *nesvesno* i bezvoljno, Jer, ono što svaki pojedinačno želi, sprečava svaki drugi, a ono što odatle proizlazi, nešto je što niko nije želeo. Tako dosadašnja istorija teče kao kakav prirodan proces i podređena je, u suštini, istim zakonima kretanja. Ali na osnovu toga što volje pojedinaca — od kojih svaki želi ono na šta ga nagoni telesna konstitucija i spoljne, u krajnjoj liniji, ekonomske okolnosti (bilo njegove sopstvene, lične ili opštedruštvene) — ne postižu ono što žele, već se stapaju u opšti prosek, u zajedničku rezultantu — na osnovu toga se ne sme zaključiti da su one 0. Naprotiv, svaka nešto doprinosi rezultanti i utoliko je uključena u nju.

(...)

Marx i ja smo delimično sami krivi što mladi pokatkad pridaju ekonomskoj strani veći značaj nego što ona zaslužuje. Mi smo morali, nasuprot protivnicima, naglašavati glavni princip, koji su oni opovrgavali, i nije bilo uvek vremena, mesta ni prilike da se prida dužan značaj ostalim momentima koji učestvuju u tom uzajamnom dejstvu. Ali čim je dolazilo do prikazivanja nekog istorijskog perioda, dakle, do praktične primene, stvar se menjala, i tu nije bila moguća pogreška. Na žalost, previše često ljudi veruju da su potpuno shvatili neku novu teoriju i da je bez daljeg mogu primenjivati čim usvoje glavne stavove, a ni to ne čine uvek ispravno. Zbog toga ne mogu poštedeti prigovora ni neke novije „marksiste"; jer, usled takve primene nastala je čudna zbrka.

(XLIV, 404—406)

Povratno dejstvo državne sile na ekonomski razvitak može biti trojako: ona može dejstvovati u istom pravcu i tada je razvitak brži; može dejstvovati protiv njega, ali u tom slučaju, ona danas propada posle izvesnog vremena u svakom velikom narodu; ili, može da preseče ekonomskom razvitku određene pravce i da mu propiše druge — taj se slučaj na kraju svodi na jedan od dva prethodna. Ali jasno je da u slučajevima II i III politička sila može naneti mnogo štete ekonomskom razvitku i dovesti do masovnog rasipanja snage i materijala.

Uz to, postoji još i slučaj osvajanja i brutalnog uništavanja ekonomskih pomoćnih izvora, usled čega je ranije mogao ponekad da propadne sav ekonomski lokalni i nacionalni razvitak. Ovaj slučaj danas ima većinom suprotne posledice, bar kod velikih naroda: pobeđeni ponekad dobija, na kraju krajeva, ekonomski, politički i moralno više nego pobedilac.

Slično je i s pravom: čim postane neophodna nova podela rada koja stvara profesionalne pravnike po pozivu, otvara se opet nova, samostalna oblast koja, i pored sve svoje opšte zavisnosti od proizvodnje i trgovine, ipak ima i posebnu sposobnost reagovanja na ove oblasti. U modernoj državi pravo mora ne samo da odgovara opštoj ekonomskoj situaciji, da bude njen izraz, već mora biti i u *sebi usklađen* izraz koji ne opovrgava samog sebe svojim unutrašnjim protivrečnostima. A da bi se to postiglo, sve se više gubi vernost odražavanja ekonomskih odnosa. I to utoliko više ukoliko se ređe događa da jedan zakonik predstavlja oštar, neublaženi, neizopačeni izraz vlasti jedne klase: to bi već protivrečilo „pojmu prava”. Čisti, dosledni pojam prava revolucionarne buržoazije od 1792—96. već je u Code Napoléon izopačen u mnogo čemu a, ukoliko je u njemu otelotvoren, on se mora svakodnevno ublažavati usled sve veće snage proletarijata. Ali to ne smeta da Code Napoléon bude zakonik koji je u osnovi svih novih kodifikacija u svim delovima sveta. Tako se tok „pravnog razvitka” sastoji velikim delom samo u tome što se prvo pokušava da se otklone protivrečnosti, koje proizlaze iz neposrednog prenošenja ekonomskih odnosa u pravne principe, i da se uspostavi harmonični pravni sistem, a zatim uticaj i prinuda daljeg ekonomskog razvitka neprestano ruše ovaj sistem i zapliću ga u nove protivrečnosti (ovde govorim, pre svega, samo o građanskom pravu).

Odražavanje ekonomskih odnosa u vidu pravnih principa takođe je nužno postavljanje tih odnosa na glavu: ono se zbiva mimo svesti onoga ko dela; pravnik uobražava da operiše apriornim stavovima, a to su ipak samo ekonomski refleksi — tako sve dubi na glavi. A da to izokretanje, koje — dok ne bude saznato — konstituiše ono što nazivamo *ideološko shvatanje*, sa svoje strane, opet, vrši obratno dejstvo na ekonomsku bazu i da je u izvesnim granicama može modifikovati — to mi se čini samo po sebi razumljivo. Osnova naslednog prava je ekonomska, pod pretpostavkom da postoji jednak stepen razvitka porodice. Uprkos tome, biće teško dokazati da, na primer, u Engleskoj apsolutna sloboda zaveštanja, a u Francuskoj njeno veliko ograničavanje ima u svim pojedinostima samo ekonomske uzroke. Ali i jedno i drugo vrše u veoma znatnoj meri povratno dejstvo na ekonomiju time što utiču na raspodelu imovine.

Što se tiče onih ideoloških oblasti koje još više lebde u vazduhu — religije, filozofije itd. — one imaju preistorijski sadržaj, koji je istorijski period zatekao i preuzeo, i koji bismo mi danas nazvali besmislicom. Te različite pogrešne predstave o prirodi, o svojstvu samog čoveka, o duhovima, o magijskim silama itd. imaju većinom samo negativnu ekonomsku osnovu; nizak ekonomski razvitak preistorijskog perioda ima kao dopunu, ali mestimično i kao uslov, i čak kao uzrok, pogrešne predstave o prirodi. I mada je ekonomska potreba bila, i s vremenom sve više postajala glavni pokretač napretka u saznanju prirode, bilo bi ipak cepidlačenje kada bi se za sve te prvobitne besmislice tražili ekonomski uzroci. Istorija nauka je istorija postepenog uklanjanja te besmislice, odnosno istorija njenog zamenjivanja novom, ali sve manjom besmislicom. Ljudi koji se time bave pripadaju, opet, naročitim oblastima podele rada i čini im se kao da obrađuju neko nezavisno područje. Ukoliko oni sačinjavaju samostalnu grupu u okviru društvene podele rada, utoliko njihove tvorevine, uključujući i njihove zablude, vrše povratno dejstvo na celokupni društveni razvitak, čak i ekonomski. Ali pri svemu tome, oni opet i sami stoje pod dominantnim uticajem ekonomskog razvitka. Na primer, u filozofiji se ovo najlakše može dokazati za buržoaski period. Hobbes je bio prvi moderni materijalist (u smislu 18. veka), ali je bio pristalica apsolutizma u vreme kada je cvetala apsolutna monarhija u celoj Evropi, a u Engleskoj je stupila u borbu s narodom. Locke je bio u religiji, kao i u politici, sin klasnog kompromisa od 1688. Engleski deisti i njihovi dosledniji naslednici, francuski materijalisti, bili su pravi filozofi buržoazije — a Francuzi čak buržoaske revolucije. U nemačkoj filozofiji od Kanta do Hegela povlači se nemački ćifta — čas u pozitivnom, čas u negativnom smislu. Ali, kao određena oblast podele rada, filozofija svake epohe ima za pretpostavku određeni misaoni materijal, koji je nasledila od svojih prethodnika i od kojeg ona polazi. I otuda dolazi da ekonomski zaostale zemlje u filozofiji ipak mogu da vode prvu reč: Francuska u 18. veku, u odnosu na Englesku, na čiju su se filozofiju Francuzi oslanjali, kasnije Nemačka u odnosu na obe. Ali, i u Francuskoj, kao i u Nemačkoj, filozofija je, kao i opšti procvat literature u to vreme, bila takođe rezultat ekonomskog poleta. Konačna nadmoć ekonomskog razvitka i nad ovim oblastima za mene je neosporna, ali ona postoji u okviru uslova koje propisuje sama ta pojedina oblast: na primer, u filozofiji, zahvaljujući dejstvu ekonomskih uticaja (koji većinom opet dejstvuju prerušeni u svoje političko i drugo ruho) na postojeću filozofsku građu, koju su dali prethodnici. Ekonomija ovde ne stvara ništa novo, ali ona određuje vrstu izmene i daljeg razvitka zatečene misaone građe, i to većim delom posredno, pošto politički, pravni i moralni odrazi vrše najveće neposredno dejstvo na filozofiju.

(XLIV, 429—431)

Vrlo poštovani gospodine,

Evo odgovora na Vaša pitanja!

1. Pod ekonomskim odnosima koje smatramo odlučujućom osnovom istorije društva podrazumevamo način na koji ljudi jednog određenog društva proizvode ono što im je potrebno za život i međusobno razmenjuju te proizvode (ukoliko postoji podela rada). Dakle, tu je uključena *čitava tehnika* proizvodnje i

transporta. Po našem shvatanju, ta tehnika određuje i način razmene, zatim raspodele proizvoda a time, posle raspada rodovskog društva, i podelu na klase, a time i odnose vlasti i ropstva, time i državu, politiku, pravo itd. Dalje, u ekonomske odnose su uključeni i *geografska osnova* na kojoj se oni razvijaju i stvarno nasleđeni ostaci ranijih stupnjeva ekonomskog razvitka, koji su se očuvali često samo zahvaljujući tradiciji ili vis inertiae (sili inercije), a, naravno, i sredina u kojoj se nalazi ovaj oblik društva.

Ako, kao što Vi kažete, tehnika najvećim delom zavisi od nivoa nauke, onda ova još daleko više zavisi od *nivoa* i *potreba* tehnike. Ako društvo ima neku tehničku potrebu, ona nauci pomaže da napreduje više nego deset univerziteta. Cela hidrostatika (Torricelli itd.) je rezultat potrebe da se regulišu planinske reke u Italiji u 16. i 17. veku. O elektricitetu znamo nešto racionalno tek otkad je otkrivena njegova tehnička primenljivost. Na žalost, u Nemačkoj postoji navika da se istorija nauka piše tako kao da su one pale s neba.

2. Na ekonomske uslove gledamo kao na nešto što u krajnjoj liniji uslovljava istorijski razvitak. Ali i sama rasa je ekonomski faktor. A ovde ne treba prevideti dve tačke:

a) Razvitak politike, prava, filozofije, religije, književnosti, umetnosti itd. počiva na ekonomskom razvitku. Ali svi oni deluju jedan na drugog i na ekonomsku bazu. Nije tačno da je ekonomska situacija *uzrok, jedina aktivna,* a da je sve ostalo samo pasivna posledica; već postoji uzajamno dejstvo na osnovu ekonomske nužnosti koja se u *krajnjoj liniji* stalno nameće. Na primer, država deluje zaštitnim carinama, slobodnom trgovinom, dobrim ili lošim stanjem finansija, pa čak ni ubistvena malaksalost i nemoć nemačkog ćifte, nastala kao posledica ekonomske bede u Nemačkoj od 1648. do 1830. i izražena prvo u pijetizmu, zatim u sentimentalnosti i ulizičkom služenju kneževima i plemstvu, nije bila bez eko-

93

nomskih posledica. Ona je bila jedna od najvećih prepreka ponovnom usponu i uzdrmana je tek time što su ratovi revolucije i Napoleonovi ratovi učinili tu hroničnu bedu akutnom. Dakle, ne postoji, kako to ljudi pokatkad pretpostavljaju zato što im je tako ugodnije, automatski uticaj ekonomske situacije, već ljudi sami prave svoju istoriju, ali u datoj sredini koja ih uslovljava, na osnovu zatečenih stvarnih odnosa, od kojih su oni ekonomski — koliko god da su pod uticajem ostalih političkih i ideoloških — ipak, u krajnjoj liniji, odlučujući i čine crvenu nit koja se kroz sve druge provlači i samo ih razjašnjava.

b) Ljudi sami prave svoju istoriju, ali dosad to nisu činili zajedničkom voljom s jednim zajedničkim planom, čak ni u jednom na određeni način ograničenom datom društvu. Njihove težnje se ukrštaju, i u svim takvim društvima upravo zbog toga vlada *nužnost*, čija je dopuna i pojavni oblik *slučajnost*. Ta nužnost, koja se ovde probija kroz svaku slučajnost, jeste opet, na kraju krajeva, ekonomska. Tu se sad javlja pitanje takozvanih velikih ličnosti. Naravno, čista je slučajnost da se pojavi jedna takva ličnost i to upravo u to određeno vreme u datoj zemlji. Ali ako nju izbrišemo, ostaje tražnja za zamenom, i ta se zamena nalazi, tant bien que mal (kakva-takva), ali se nalazi trajno. Slučajnost je bila što je Napoleon, baš taj Korzikanac bio vojni diktator čiju je pojavu učinila nužnom francuska republika iscrpljena sopstvenim ratom; a da bi, da nije bilo Napoleona, neko drugi popunio njegovo mesto, to je dokazano time što se takva ličnost i našla svaki put kad je bila potrebna: Cezar, Avgust, Cromwell itd. Ako je Marx otkrio materijalističko shvatanje istorije, Thierry, Mignet, Guizot, svi engleski istoriografi do 1850, dokazuju da se tome težilo, i Morganovo otkriće tog istog shvatanja dokazuje da je vreme za njega bilo došlo i da je ono prosto *moralo* biti otkriveno.

Tako je sa svim drugim slučajnostima i prividnim slučajnostima u istoriji. Što se oblast koju istražujemo više udaljava od ekonomskog i približava čisto apstraktnom ideološkom, to ćemo više videti da ona u svom razvitku pokazuje slučajnosti, to njena krivulja ima više cikcak oblik. Ali ako nacrtate osovinu preseka krivulje, videćete, da, ukoliko je duži posmatrani period i veća oblast koja se obrađuje, utoliko je ta osnovica paralelnija sa osnovicom ekonomskog razvitka.

Najveća smetnja ispravnom razumevanju u Nemačkoj je to neodgovorno zanemarivanje u literaturi ekonomske istorije. Teško je ne samo odvići se onih predstava o istoriji koje su nabubane u školi već i sakupiti materijal potreban za to. Ko je, na primer, čitao starog G. v. Gülicha, koji u svojoj suvoj zbirci materijala ipak ima toliko građe za razjašnjenje bezbrojnih političkih činjenica!

(XLVI, 182—184)

KARL MARX: *TEORIJE O VIŠKU VREDNOSTI*

Henri Storch, *Cours d'économie politique etc.,* izdanje J. B. Saya, Paris, 1823 (predavanja koja je držao velikom knezu Nikoli i završio 1815), t. III.

Posle Garnier-a, Storch je, u stvari, prvi koji staje na novo tle u polemici protiv Smithovog razlikovanja proizvodnog i neproizvodnog rada.

Od materijalnih dobara, sastavnih delova materijalne proizvodnje, on razlikuje *„unutrašnja dobra* ili elemente civilizacije, sa čijim zakonima proizvodnje ima da se pozabavi teorija civilizacije". (Isto, t. III, str. 217.)

(U tomu I, na str. 136 [on kaže]: „Jasno je da čovek nikada ne pristupa proizvodnji bogatstva dok ne poseduje unutrašnja dobra, to jest dok nije razvio svoje fizičke, intelektualne i moralne snage, što pretpostavlja sredstva za njihov razvitak kao što su *društvene ustanove* itd. Sledstveno, ukoliko je narod civilizovaniji, utoliko više može rasti njegovo nacionalno bogatstvo." Isto tako i obratno).

Protiv Smitha:

„Smith... isključuje iz *proizvodnog rada* sve one koji ne doprinose *neposredno* proizvodnji bogatstva; ali on ima u vidu samo nacionalno *bogatstvo."* Njegova je greška u tome „što nije razlikovao *nematerijalne* vrednosti od *bogatstva".* (T. III, str. 218.)

Time se stvar zapravo i svršava. Razlikovanje proizvodnih vrsta rada od neproizvodnih od presudne je važnosti za predmet koji Smith razmatra: za proizvodnju materijalnog bogatstva, i to za određeni oblik ove proizvodnje, za kapitalistički način proizvodnje. U duhovnoj proizvodnji proizvodnom javlja se druga vrsta rada. Ali Smith ne istražuje tu proizvodnju. Najzad, u krug njegovog razmatranja ne ulazi ni uzajamno dejstvo i unutrašnja veza obe vrste proizvodnje; to, uostalom, može da dovede do nečeg boljeg od praznih reči samo onda ako se materijalna proizvodnja posmatra sub sua propria specie. Ako Smith govori o radnicima ne neposredno proizvodnima, onda samo utoliko ukoliko oni *neposredno* učestvuju u potrošnji materijalnog bogatstva, a ne i u njegovoj proizvodnji.

Iako se kod Storcha ovde-onde nađe poneko duhovito zapažanje, na primer, da je materijalna podela rada preduslov za podelu duhovnog rada, *teorija civilizacije* ne ide ni kod njega dalje od trivijalnih fraza. Do koje mere je to *moralo* tako biti, kako malo je on bio kadar da i sam zadatak *formuliše*, a da o njegovom rešavanju i ne govorimo, proizlazi iz jedne *jedine* okolnosti. Da bismo istražili vezu između duhovne i materijalne proizvodnje, pre svega je potrebno da poslednju ne shvatimo kao opštu kategoriju, već u *određenom istorijskom* obliku. Tako, na primer, kapitalističkom načinu proizvodnje odgovara druga vrsta duhovne proizvodnje nego srednjovekovnom načinu proizvodnje. Ako se sama materijalna proizvodnja ne shvata u njenom *specifičnom istorijskom* obliku, onda nije moguće shvatiti ni ono što je određeno u duhovnoj proizvodnji koja njoj odgovara, kao ni njihovo uzajamno dejstvo. Inače stvar ne ide dalje od naklapanja. Ovo zbog fraze o „civilizaciji".

Dalje: Iz određenog oblika materijalne proizvodnje proizlazi, prvo, određen sastav društva, drugo, određen odnos čoveka prema prirodi. Njegovo državno uređenje i njegov duhovni život određeni su i jednim i drugim. Prema tome i vrsta njegove duhovne proizvodnje.

Najzad, pod duhovnom proizvodnjom podrazumeva Storch i pozive svih vrsta vladajuće klase, koji ispunjavaju socijalne funkcije u vidu zanimanja. Egzistencija ovih staleža, kao i njihova funkcija mogu se razumeti samo iz određenog istorijskog sastava njihovih odnosa proizvodnje.

Budući da Storch ne razmatra samo materijalnu proizvodnju *istorijski* — on je razmatra kao proizvodnju materijalnih dobara uopšte, a ne kao određeni istorijski razvijeni i specifični oblik ove proizvodnje — on time sam sebi izvlači tle ispod nogu na kojem jedino mogu da se shvate kako ideološki sastavni delovi vladajućih klasa, tako i slobodna duhovna proizvodnja ove date društvene formacije. On ne može da ode dalje od opštih šupljih fraza. Zato odnos i nije tako jednostavan kako to on iz početka zamišlja. Kapitalistička proizvodnja se, na primer, neprijateljski odnosi prema izvesnim duhovnim granama proizvodnje, kao što su umetnost i pesništvo. Ko to ne shvata, taj će doći do uobraženja Francuza 18. veka, koje je Lessing tako lepo persiflirao. Pošto smo u mehanici itd. dalje od starih, zašto ne bismo i mi mogli da stvorimo jedan ep? I *Anrijadu* umesto *Ilijade.*

Storch, naprotiv, tačno ističe — i naročito polemišući protiv Garniera, koji je, zapravo, otac *ove* polemike protiv Smitha — da Smithovi protivnici uzimaju stvar s naopake strane.

„Šta čine Smithovi kritičari? Umesto da postave ovo razlikovanje" (između materijalnih vrednosti i bogatstva), „oni povećavaju konfuziju ovih dveju vrsta vrednosti, koje su tako očigledno različite."

(Oni tvrde da je proizvodnja duhovnih proizvoda ili proizvodnja usluga *materijalna* proizvodnja).

„Smatrajući nematerijalan rad za *proizvodan,* oni pretpostavljaju da on *proizvodi bogatstva"* (to jest neposredno), „to jest materijalne i razmenljive vrednosti, a, međutim, on

98

proizvodi samo nematerijalne i neposredne vrednosti; oni polaze od pretpostavke da proizvodi nematerijalnog rada podležu istim zakonima kao i proizvodi materijalnog rada; a ipak se prvi upravljaju prema jednim, a drugi prema drugim načelima." (T. III, str. 218.)

Valja zabeležiti i sledeće Storchove misli, koje su kasnije ekonomisti od njega preuzimali:

„Pošto su unutrašnja dobra delom proizvod usluga, izveden je zaključak da ona ne traju duže od samih usluga i da se nužno potroše jednovremeno sa svojom proizvodnjom." (Isto, t. III, str. 234.) „Prvobitna (unutrašnja) dobra se upotrebom ne uništavaju, nego se svojom upotrebom šire i umnožavaju, tako da sama njihova *potrošnja* povećava njihovu vrednost." (Isto, str. 236.) „Unutrašnja dobra, kao i bogatstva, mogu biti akumulisana, i obrazovati kapitale koji se mogu upotrebiti za reprodukciju" itd. (Isto, str. 236.) „Materijalni rad mora biti podeljen, i njegovi proizvodi moraju biti akumulisani pre no što bi se moglo i pomišljati na podelu nematerijalnog rada." (Str. 241.)

No sve su to samo opšte površne analogije i veze između duhovnog i materijalnog bogatstva. Isto tako, na primer, i njegova primedba da nerazvijene nacije uzajmljuju svoje duhovne kapitale u inostranstvu, kao što materijalno nerazvijene nacije *uzajmljuju* svoje materijalne kapitale (isto, str. 306), da podela nematerijalnog rada zavisi od tražnje ovog rada, ukratko, od tržišta itd. (Str. 246.)

Sledeća mesta su se najčešće prepisivala:

„*Proizvodnja* unutrašnjih dobara ne samo da ne smanjuje nacionalno bogatstvo potrošnjom nematerijalnih proizvoda koji su joj potrebni nego je, naprotiv, moćno sredstvo za njegovo uvećanje, kao što je, obratno, proizvodnja bogatstva sa svoje strane moćno sredstvo za jačanje civilizacije." (Isto, str. 517.) „Nacionalno blagostanje raste usled ravnoteže obe ove vrste proizvodnje." (Isto, str. 521.)

Prema Storchu, lekar proizvodi zdravlje (ali i bolest), profesori i pisci prosvetu (ali i mračnjaštvo), poete, slikari itd. ukus (ali i neukusnost), moralisti itd. moral, propovednici — pobožnost, rad suverena — bezbednost itd. (Str. 347—50.) Isto tako može se reći da bolest proizvodi lekare, glupost profesore i pisce, neukusnost poete i slikare, nemoralnost moraliste, sujeverje propovednike i opšta nesigurnost suverene. Ovaj način izražavanja da sve ove delatnosti, sve ove usluge proizvode stvarnu ili uobraženu upotrebnu vrednost, ponavljaju kasniji ekonomisti, da bi pokazali da su i ova lica proizvodni radnici u Smithovom smislu, tj. da neposredno ne proizvode proizvode sui generis, već proizvode materijalnog rada, te prema tome neposredno bogatstvo. Kod Storcha još nema ove besmislice, koja se, uostalom, može svesti na sledeće:

1. da se različite funkcije u buržoaskom društvu uzajamno pretpostavljaju;

2. da suprotnosti u materijalnoj proizvodnji čine nužnim nadgradnju ideoloških slojeva, čija je delotvornost, bila ona dobra ili loša, dobra jer je nužna;

3. da su sve funkcije u službi kapitaliste, da se završavaju u njegovu „korist";

4. da čak i najviša duhovna proizvodnja dobija priznanje i *opravdanje* u očima buržuja samo zato što će se predstaviti i lažno prikazati kao neposredni proizvođač materijalnog bogatstva.

(XXIV, 206—209)

3.

PROŠLOST I BUDUĆNOST UMJETNOSTI

KARL MARX: *OSNOVI KRITIKE POLITIČKE EKONOMIJE*

6) *Nejednak odnos razvitka materijalne proizvodnje, na primjer prema umjetničkoj.* Uopće pojam napretka ne treba uzimati u običnoj apstrakciji. Kod umjetnosti itd. ova disproporcija nije još toliko važna ni teška za razumijevanje kao u samim praktično--socijalnim odnosima. Na primjer, odnos obrazovanosti. Odnos Sjedinjenih Država prema Evropi. Ali stvarno teška tačka, koju ovdje treba raspraviti, jest kako odnosi proizvodnje stupaju kao pravni odnosi u nejednak razvitak. Dakle, na primjer, odnos rimskog privatnog prava (u krivičnom i javnom pravu to je manje slučaj) prema modernoj proizvodnji.

7) *Ovo shvaćanje pojavljuje se kao nužan razvitak.* Ali opravdanost slučajnosti. Kako. (Između ostalog i slobode.) (Utjecaj saobraćajnih sredstava. Svjetska historija nije uvijek postojala; historija kao svjetska historija je rezultat.)

8) *Polazna tačka, naravno, od prirodne određenosti;* subjektivno i objektivno. Plemena, rase itd.

1. Kod umjetnosti je poznato da određena doba njenog procvata nikako ne stoje u razmjeru prema općem razvitku društva, pa, dakle, ni prema materijalnoj osnovici, tako reći kosturu njegove organizacije. Na primjer, Grci u poređenju s modernima ili također Shakespeare. O izvjesnim oblicima umjetnosti, na primjer o epu, čak je priznato da se oni nikad ne mogu proizvoditi u njihovom svjetsko-epohalnom, klasičnom vidu čim nastane umjetnička pro-

izvodnja kao takva; dakle, da su u oblasti same umjetnosti izvjesni njeni važni oblici mogući samo u nekom nerazvijenom stupnju razvitka umjetnosti. Ako je to slučaj u odnosu različitih rodova umjetnosti u okviru oblasti same umjetnosti, već je manje neobično što je to slučaj u odnosu cijele oblasti umjetnosti prema općem razvitku društva. Teškoća se sastoji samo u općoj formulaciji tih protivurječnosti. Čim se one specificiraju, već su i objašnjene.

Uzmimo, na primjer, odnos grčke umjetnosti i zatim Shakespearea prema sadašnjici. Poznato je da Grčka mitologija nije samo arsenal grčke umjetnosti, nego i njeno tlo. Da li je predstava prirode i društvenih odnosa, koja leži u osnovici grčke fantazije, pa otud i grčke umjetnosti, moguća uz selfactors (automatske predilice), željeznice, lokomotive i električne telegrafe? Gdje ostaje Vulkan prema Roberts et Co., Jupiter prema gromobranu i Hermes prema Crédit mobilier! Svaka mitologija savlađuje prirodne sile, ovladava njima i oblikuje ih u uobrazilju i pomoću uobrazilje: dakle, iščezava kad se njima zbiljski ovlada. Kud će Fama kraj *Printinghouse Square?* Grčka umjetnost pretpostavlja grčku mitologiju, tj. prirodu i društvene oblike koje je već narodna fantazija preradila na nesvjesno umjetnički način. To je njen materijal. Ne svaka bilo koja mitologija, tj. ne svaka bilo koja nesvjesno umjetnička prerada prirode (uključujući u ovo sve predmetno, dakle, i društvo). Egipatska mitologija nije nikad mogla biti tlo ili materinsko krilo grčke umjetnosti. Ali, u svakom slučaju, *jedna* mitologija. Dakle, ni u kom slučaju neki društveni razvitak koji isključuje svaki mitološki odnos prema prirodi, svaki mitologizirajući odnos prema njoj; koji, dakle, od umjetnika traži fantaziju nezavisnu od mitologije.

S jedne druge strane: je li Ahil moguć s prahom i olovom? Ili uopće *Ilijada* sa štamparskom presom ili čak sa štamparskom mašinom? Zar pjevanje, predanje i muze ne prestaju nužno sa štamparskim valj-

104

kom, zar, dakle, ne iščezavaju nužno uslovi epske poezije?

Ali teškoća nije u tome da se razumije da su grčka umjetnost i ep vezani za izvjesne oblike društvenog razvitka. Teškoća je u tome da se razumije što nam oni još pružaju umjetničko uživanje i što u izvjesnom pogledu važe kao norma i nedostižni uzor. Čovjek ne može da ponovno postane dijete, osim da podjetinji. Ali zar se on ne raduje naivnosti djeteta i zar on sam ne mora opet na nekom višem stupnju težiti za tim da reproducira svoju istinu? Zar u djetinjoj prirodi ne oživi u svakoj epohi njen vlastiti karakter u svojoj prirodnoj istinitosti? Zbog čega historijsko djetinjstvo čovječanstva, gdje se ono najljepše rascvjetalo, ne bi značilo vječitu draž kao stupanj koji se više nikad neće vratiti? Ima djece neodgojene i djece starmale. Mnogi od starih naroda spadaju u tu kategoriju. Normalna djeca bili su Grci. Draž njihove umjetnosti za nas nije u protivurječnosti prema nerazvijenom stupnju društva na kome je izrasla. Ona je, naprotiv, njegov rezultat i, naprotiv, nerazdvojno je vezana za to što se nezreli društveni uvjeti pod kojima je nastala i pod kojima je jedino mogla nastati nikad ne mogu vratiti.

(XIX, 25—26)

KARL MARX: *PRILOG KRITICI HEGELOVE FILOZOFIJE PRAVA*

Borba protiv njemačke političke sadašnjosti jeste borba protiv prošlosti savremenih naroda, a uspomene na tu prošlost još uvijek ih opterećuju. Poučno je za njih da vide kako *ancien régime,* koji je kod njih doživio svoju *tragediju,* igra svoju *komediju* kao njemački fantom. *Tragična* je bila historija *ancien régime-a* dok god je bio preegzistirajuća sila svijeta, a sloboda, naprotiv, bila pomisao pojedinca, jednom riječi, dok god je on sam vjerovao i morao vjerovati u svoju opravdanost. Sve dotle dok se *ancien régime* kao postojeći svjetski poredak borio s jednim svijetom koji je tek nastajao, na njegovoj strani je bila svjetsko-historijska zabluda, ali nikakva lična zabluda. Zato je njegova propast bila tragična.

Nasuprot tome, sadašnji njemački poredak, koji je anahronizam, flagrantna protivrječnost opće priznatim aksiomima, cijelom svijetu izložena ništavnom *ancien régime-a,* samo još uobražava da vjeruje u samoga sebe i zahtijeva od svijeta da to isto uobražava. Kad bi on vjerovao u svoje vlastito *biće,* zar bi ga skrivao pod prividom jednog tuđeg bića i tražio svoj spas u licemjerstvu i sofizmu? Moderni *ancien régime* samo je još *komedijant* jednog svjetskog poretka čiji su *zbiljski heroji* umrli. Historija je temeljita i prolazi mnoge faze kad sahranjuje jedan stari oblik. Posljednja faza jednog svjetsko-historijskog oblika jeste njegova *komedija.* Grčki bogovi, koji su već jednom tragično bili smrtno ranjeni u Eshilovu

106

Okovanom Prometeju, morali su još jednom komično umrijeti u Lukijanovim *Dijalozima*. Zašto ovakav tok historije? Da bi se čovječanstvo *veselo* rastalo od svoje prošlosti. Ovo *veselo* historijsko određenje tražimo za političke sile Njemačke.

(III, 152—153)

Kad proletarijat objavljuje *raspadanje dosadašnjeg svjetskog poretka*, obično on izražava samo tajnu svoga vlastitog postojanja, jer on je *faktičko* raspadanje ovog svjetskog poretka. Kad proletarijat zahtijeva *negaciju privatnog vlasništva*, on uzdiže samo kao *princip društva* ono što je društvo uzdiglo kao *njegov* princip, što je u *njemu* već utjelovljeno, bez njegova sudjelovanja, kao negativni rezultat društva. U odnosu na svijet koji nastaje proleter se tada nalazi u istom pravu u kojem se nalazi *njemački kralj* u odnosu na nastali svijet, kad narod naziva *svojim* narodom, a konja *svojim* konjem. Proglašavajući narod svojom privatnom svojinom, kralj samo izražava da je privatni posjednik kralj.

Kao što filozofija u proletarijatu nalazi svoje *materijalno* oružje, tako i proletarijat u filozofiji nalazi svoje *duhovno* oružje, i čim munja misli bude temeljito udarila u ovo naivno narodno tlo, izvršit će se emancipacija *Nijemaca u ljude*.

Rezimirajmo rezultat:

Jedino *praktički* moguće oslobođenje Njemačke jeste oslobođenje na stanovištu *one* teorije koja čovjeka proglašuje za najvišu suštinu čovjeka. Emancipacija od *srednjeg vijeka* mogućna je u Njemačkoj samo kao istovremena emancipacija od *djelomičnih* prevladavanja srednjeg vijeka. U Njemačkoj ne može biti uništena *nijedna* vrsta ropstva a da se ne uništi *svako* ropstvo. *Temeljita* Njemačka ne može se revolucionirati a da se ne revolucionira iz *osnove*. *Emancipacija Nijemaca je emancipacija čovjeka*. Glava te emancipacije je *filozofija*, a njeno srce *proletarijat*. Filozofija se ne može ostvariti bez ukidanja proletarijata, proletarijat se ne može ukinuti bez ostvarenja filozofije.

Kad budu ispunjeni svi unutrašnji uvjeti, *njemačko uskrsnuće* bit će objavljeno *snažnom pjesmom galskog pijetla*.

(III, 160)

KARL MARX: *EKONOMSKO-FILOZOFSKI RUKOPISI (1844)*

7. Vidjeli smo kakvo značenje pod pretpostavkom socijalizma ima *bogatstvo* ljudskih potreba, pa stoga i novi *način proizvodnje*, a isto tako i novi predmet proizvodnje: to je novo ispoljavanje *čovjekove* suštinske snage i novo obogaćivanje *čovjekova* bića. U okviru privatnog vlasništva značenje je obrnuto. Svaki čovjek spekulira s tim da drugome stvori *novu* potrebu da bi ga prisilio na novu žrtvu, da bi ga stavio u novu zavisnost, te da bi ga zaveo na novi način *uživanja,* a time na ekonomsku propast. Svatko pokušava da nad drugim stvori *tuđu* suštinsku snagu da bi u tome zadovoljio svoju vlastitu, sebičnu potrebu. Stoga s masom predmeta raste carstvo tuđih bića kojima je čovjek podjarmljen, a svaki novi proizvod je nova *potencija* uzajamnog varanja i uzajamnog pljačkanja. Čovjek postaje utoliko siromašniji kao čovjek, on treba utoliko više *novca* da bi zagospodario neprijateljskim bićem, a moć njegova *novca* pada upravo u obrnutom razmjeru s masom proizvodnje, tj. njegove potrebe rastu sa povećavanjem *moći* novca. Stoga je potreba za novcem istinska potreba koju proizvodi nacionalna ekonomija i jedina potreba koju ona proizvodi. *Kvantitet* novca sve više postaje njegovo jedino *moćno* svojstvo; kao što sva bića svodi na njihovu apstrakciju, tako se on u svom vlastitom kretanju svodi na *kvantitativno* biće. Njegova prava mjera postaje *prekomjernost* i *neumjerenost.*

Subjektivno to izgleda tako da proširenje kruga proizvodâ i potrebâ djelomično postaje *dovitljiv* i proračunljiv rob neljudskih, rafiniranih, neprirodnih i *izmišljenih* požuda — privatno vlasništvo ne zna učiniti grubu potrebu *ljudskom* potrebom; njegov *idealizam* je *uobraženje, samovolja, hir,* i nijedan eunuh ne laska podlije svome despotu i ne pokušava da besramnijim sredstvima podražuje njegovu otupjelu sposobnosti uživanja da bi lukavstvom zadobio milost nego što to čini industrijski eunuh, proizvođač, koji laska da bi lukavstvom dobio srebrne talire, da bi izmamio zlatnike iz džepa kršćanski ljubljenog susjeda — (svaki proizvod je mamac kojim se želi izmamiti biće drugoga, njegov novac; svaka zbiljska ili moguća potreba je slabost koja će muhu navesti na ljepak; opće iskorištavanje društvenog čovjekova bića, kao što je svako čovjekovo nesavršenstvo veza s nebom, jeste jedna strana s koje je njegovo srce dostupno svećeniku; svaka nevolja je prilika da se susjedu pristupi s najljubaznijim izgledom i da mu se kaže: dragi prijatelju, dajem ti ono što ti je potrebno; ali ti znaš conditio sine qua non; ti znaš kakvim crnilom treba da mi zapišeš dušu; ja ti podvaljujem pružajući ti užitak) — prilagođava se njegovim najpokvarenijim fantazijama, igra ulogu svodnika između njega i njegove potrebe, pobuđuje u njemu bolesne požude, vreba na svaku slabost da bi onda zahtijevao kaparu za tu uslugu. — To otuđenje se djelomično pokazuje tako što na jednoj strani proizvodi rafiniranost potrebâ i njihovih sredstava, a na drugoj strani životinjsku podivljalost, potpunu, grubu, apstraktnu jednostavnost potrebe; ili, štoviše, samo ponovo proizvodi sebe sama u svom suprotnom značenju. Čak i potreba za slobodnim zrakom prestaje da bude kod radnika potreba; čovjek se vraća u špilju, koja je, međutim, otrovana smrdljivim kužnim dahom civilizacije, i koju on kao tuđu nastanjuje privremeno i nesigurno, koja mu svakog dana može izmaći, iz koje svakog dana može biti izbačen ako ne plaća. On mora *platiti* tu kuću smrti. *Svijetao* stan, koji Prometej označava kod Eshila kao jedan od velikih poklona pomoću kojeg je od divljaka stvorio čovjeka, prestaje da postoji za radnika. Svijetlo, zrak itd., najjednostavnija *životinjska* čistoća, prestaje da bude potreba za čovjeka. *Životnim elementom* postaje mu *prljavština,* to propadanje, truljenje čovjeka, *kloaka* (to treba doslovno shvatiti) civilizacije. Potpuno *neprirodna* zapuštenost, trula priroda postaje njegov *životni elemenat.* Nijedno od njegovih osjetila više ne postoji, ne samo na svoj ljudski način nego ni na *neljudski,* pa zato čak ni na životinjski način. Ponovo se vraćaju najdublji *načini* (i oruđa) ljudskog rada, kao *dolap* rimskih robova, koji je postao način proizvodnje, način postojanja mnogih engleskih radnika. Ne samo što čovjek nema nikakvih ljudskih potreba nego čak prestaju i *životinjske* potrebe. Irac zna samo za potrebu *jela,* i to samo *krompira, i to najgore vrste, prosjačkog krompira.* Ali Engleska i Francuska imaju već u svakom industrijskom gradu *malu* Irsku. Divljak, životinja ipak ima potrebu za lovom, za kretanjem itd., za društvenošću. — Uprošćavanje stroja i rada iskorištava se za to da čovjeka koji tek nastaje, sasvim neoformljena čovjeka — *dijete* — učini radnikom, kao što je radnik postao najzanemarenije dijete. Stroj se prilagođuje čovjekovoj *slabosti* da bi od slaba čovjeka načinio stroj.

(Kako porast potreba i sredstava za njihovo zadovoljenje proizvodi nedostatak potreba i nedostatak sredstava, dokazuje nacionalni ekonomist (i kapitalist — uopće, mi govorimo uvijek o *empirijskim* poslovnim ljudima kad se obraćamo nacionalnim ekonomistima, njihovom *naučnom* priznanju i postojanju) 1. time što radnikovu potrebu svodi na najnužnije i najjadnije izdržavanje fizičkog života, a njegovu djelatnost na najapstraktnije mehaničko kretanje; dakle, kaže on, čovjek nema nikakve druge potrebe,

111

ni potrebe za djelatnošću, ni za uživanjem; jer *čak* i takav život proglašava *ljudskim* životom i postojanjem; 2. time što *najoskudniji* život (egzistenciju) *računa* kao mjerilo, i to kao opće mjerilo: opće zato što vrijedi za masu ljudi; on čini od radnika biće bez osjećaja i potreba, kao što njegovu djelatnost čini čistom apstrakcijom svake djelatnosti; on smatra da je svaki radnikov *luksuz* za osudu i sve što prelazi najapstraktniju potrebu — bilo to kao pasivan užitak ili ispoljavanje djelatnosti — čini mu se kao luksuz. Stoga je nacionalna ekonomija, ta nauka o *bogatstvu,* istovremeno nauka o odricanju, oskudijevanju, *štednji,* i ona zaista dolazi do toga da čovjeka uči da *štedi* čak i na *potrebi* za čistim *zrakom* ili fizičkim *kretanjem.* Ta nauka o čudesnoj industriji istovremeno je nauka o *askezi,* a njen istinski ideal je *asketski,* ali *lihvarski* škrtac i *asketski* rob, ali *rob koji proizvodi.* Njen moralni ideal je *radnik* koji donosi u štedionicu jedan dio svoje plaće, i ona je za taj svoj omiljeni ideal našla, tako reći, ropsku *umjetnost.* U kazalištu je to prikazivano na sentimentalan način. Stoga je ona — usprkos svom svjetovnom i razbludnom izgledu — zaista moralna nauka, najmoralnija nauka. Njeno osnovno načelo je samoodricanje, odricanje od života i od svih ljudskih potreba. Ukoliko manje jedeš, piješ, kupuješ knjige, ukoliko manje ideš u kazalište, na ples, u gostionicu, ukoliko manje misliš, voliš, teoretiziraš, pjevaš, slikaš, pišeš itd., utoliko (više) štediš, utoliko *veće* postaje tvoje blago koje ne ždere ni moljci ni prašina, utoliko veći postaje tvoj *kapital.* Ukoliko *si* neznatniji, ukoliko manje ispoljavaš svoj život, utoliko više *imaš,* utoliko je veći tvoj *otuđeni* život, utoliko više nagomilavaš svoje otuđeno biće. Sve ono što ti nacionalni ekonomist uzme od života i ljudskosti on ti nadomješta u *novcu* i *bogatstvu,* a sve ono što ne možeš ti, može tvoj novac: on može jesti, piti, ići na ples i u kazalište, on može putovati, on zna sebi (pribaviti) umjetnost i učenost, historijske rijetkosti i političku moć, on ti *može* sve pribaviti, on može sve kupiti, on je istinska *moć.* Ali on, koji je sve to, ne mari ni za šta drugo već da stvori sebe sama, da kupi sebe sama, jer sve drugo njemu služi, i kad posjedujem gospodara, posjedujem i slugu, pa ne moram da jurim za njegovim slugom. Sve strasti i sva djelatnost moraju, dakle, propasti u *pohlepi.* Radnik smije imati samo toliko da bi htio živjeti, a smije htjeti živjeti zato da bi imao.)

(III, 245—247)

KARL MARX — FRIEDRICH ENGELS: NEMAČKA IDEOLOGIJA

Kao i uvek, Sančo ni ovde nema sreće sa svojim praktičnim primerima. On misli da niko ne može „umesto tebe da napravi tvoje muzičke kompozicije, da izradi tvoje slikarske skice. Raffaelove radove ne može niko da zameni". Sančo bi, svakako, mogao da zna da nije sam Mozart već neko drugi najvećim delom izradio Mozartov *Requiem* i dovršio ga, da je Raffael neznatan broj svojih fresaka „izradio" sam. On uobražava da su takozvani organizatori rada hteli da organizuju celokupnu delatnost svakog pojedinca, dok se upravo kod njih pravi razlika između neposredno produktivnog rada, koji treba organizovati, i ne neposredno produktivnog rada. Ali, po njihovom mišljenju, u ovim radovima ne treba da, kao što Sančo uobražava, svako radi umesto Raffaela, već da svako u kome se krije Raffael može da se nesmetano razvija. Sančo uobražava da je Raffael izradio svoje slike nezavisno od podele rada koja je u njegovo doba postojala u Rimu. Ako uporedi Raffaela sa Leonardom da Vincijem i Tizianom, moći će da vidi koliko su umetnička dela prvoga bila uslovljena tadašnjim procvatom Rima koji je nastao pod firentinskim uticajem; moći će da vidi koliko su umetnička dela ovog drugog bila uslovljena prilikama u Firenci, i kasnije ovog trećeg razvitkom Venecije, koji je sasvim različit od toga. Raffael je, kao i svaki drugi umetnik, bio uslovljen tehničkim napretkom umetnosti postignutim pre njega, organizacijom dru-

114

štva i podelom rada u njegovom mestu i, najzad, podelom rada u svim zemljama sa kojima je komuniciralo njegovo mesto. Da li će individua Raffaelovog kova razviti svoj talenat, to potpuno zavisi od tražnje, koja, opet, zavisi od podele rada i odatle proizašlih uslova obrazovanja ljudi.

Proglašavajući jedinstvenost naučnog i umetničkog rada, Stirner je na znatno nižem nivou od buržoazije. Već sada se smatra nužnim organizovati ovu „jedinstvenu" delatnost. Horace Vernet ne bi imao vremena ni za deseti deo svojih slika, da ih je smatrao za radove „koje može da izvrši samo ovaj jedinstveni". Velika tražnja za vodviljima i romanima u Parizu prouzrokovala je pojavu takve organizacije rada za proizvodnju ove robe koja još uvek daje bolje rezultate nego njeni „jedinstveni" konkurenti u Nemačkoj. U astronomiji su ljudi kao Arago, Herschel, Encke i Bessel smatrali da je nužno organizovati zajednička posmatranja, i tek posle toga su došli do nekih znatnih rezultata. U istoriografiji je za „jedinstvenog" apsolutno nemoguće da nešto uradi, i Francuzi su i ovde odavno prevazišli sve druge nacije organizacijom rada. Uostalom, podrazumeva se da sve ove organizacije, koje počivaju na modernoj podeli rada, još uvek vode ka veoma ograničenim rezultatima i predstavljaju progres samo u poređenju sa dosadašnjom ograničenom podvojenošću.

Još treba posebno istaći da Sančo meša organizaciju rada sa komunizmom i čak se čudi što mu „komunizam" ne odgovara na njegove sumnje u pogledu ove organizacije. Tako se gaskonjski seoski momak čudi što Arago ne zna da mu kaže na kojoj je zvezdi naš dragi bog podigao svoj dvorac.

Ekskluzivna koncentracija umetničkog talenta u pojedincima i njegova potisnutost u širokim masama, povezanost s tim, jeste posledica podele rada. Čak i kada bi u izvesnim društvenim uslovima svako bio istaknut slikar, to još uopšte ne bi isključivalo mogućnost da je svako i originalan slikar, tako da se i ovde svodi na čistu besmislicu razlika između „ljudskog" i „jedinstvenog" rada. Svakako, u slučaju komunističke organizacije društva otpada podvođenje umetnika pod lokalnu i nacionalnu ograničenost, koja proizlazi čisto iz podele rada, i podvođenje individue pod ovu određenu umetnost, tako da je ta individua isključivo slikar, vajar itd., pri čemu već i sam naziv dovoljno izražava ograničenost njegovog razvoja u poslu i njegovu zavisnost od podele rada. U komunističkom društvu nema slikara, već, u krajnjem slučaju, ljudi koji, između ostalog, i slikaju.

(VI, 322—323)

Već smo gore pokazali da je ukidanje osamostaljivanja odnosa prema individuama, ukidanje potčinjenosti individualnosti pod slučajnost, ukidanje podvođenja njihovih ličnih odnosa pod opšte klasne odnose itd., u krajnjoj liniji uslovljeno ukidanjem podele rada. Isto tako smo pokazali da je ukidanje podele rada uslovljeno razvojem opštenja i proizvodnih snaga u takvu univerzalnost da privatna svojina i podela rada za njih postaju okovi. Dalje, pokazali smo da se privatna svojina može ukinuti samo pod uslovom da postoji svestan razvoj individua, zato što su baš zatečeno opštenje i zatečene proizvodne snage svestrani i zato što ih mogu prisvojiti samo individue koje se svestrano razvijaju, tj. mogu ih učiniti slobodnom delatnošću svog života. Pokazali smo da sadašnje individue *moraju* ukinuti privatnu svojinu, zato što su se proizvodne snage i oblici opštenja toliko razvili da su pod vladavinom privatne svojine postali destruktivne snage, i zato što je suprotnost između klasa dovedena do svoje krajnosti. Najzad, pokazali smo da ukidanje privatne svojine i same podele rada znači udruživanje individua na bazi koju su dale sadašnje proizvodne snage i svetsko opštenje.

U okviru komunističkog društva, jedinog u kome originalan i slobodan razvoj individua nije nikakva fraza, taj razvitak je uslovljen upravo povezanošću individua, povezanošću koja se sastoji delimično u ekonomskim pretpostavkama, delimično u neophodnoj solidarnosti slobodnog razvoja svih, i, najzad, u univerzalnoj prirodi delatnosti individua na bazi postojećih proizvodnih snaga. Dakle, ovde je reč o individuama na jednom određenom stupnju istorijskog razvitka, a nikako o bilo kojim slučajnim individuama, a da se i ne govori o nužnoj komunističkoj revoluciji, koja je sama zajednički uslov za njihov slobodan razvoj. Svest individua o njihovom uzajamnom odnosu biće, naravno, isto tako sasvim drukčija svest i, stoga, neće biti ni „princip ljubavi" ili dévoûment (požrtvovanja), ni egoizam.

— „Jedinstvenost" shvaćena u smislu originalnog razvoja i individualnog ponašanja, kako je to gore izneto, pretpostavlja, znači, ne samo sasvim druge stvari nego što su dobra volja i pravilna svest već i upravo nešto suprotno od Sančovih fantazija. Kod njega ona nije ništa drugo već ulepšavanje postojećih odnosa, utešan komadić melema za jadnu, nemoćnu dušu koja je u bedi postala bedna.

— Sa Sančovom „neuporedivošću" stvar stoji isto kao i sa „jedinstvenošću". On će se i sam setiti, ako se nije sasvim „izgubio u slatkom samozaboravu", da organizacija rada u „Stirnerovom udruženju egoista" nije počivala samo na uporedivosti već i na jednakosti potreba. I to udruženje je pretpostavljalo ne samo jednake potrebe već i jednaku delatnost, tako da je jedan mogao zameniti drugoga u „ljudskom radu". A dodatna plata „jedinstvenog", koja kruniše njegove uspehe — na čemu se ona drugom zasniva ako ne na tome da se njegov učinak poredi sa učincima drugih i bolje unovčuje usled svog preimućstva? I kako Sančo uopšte može i da govori o neuporedivosti ako dopušta da postoji praktično osamostaljeno poređenje, novac, podređuje mu se, dopušta da se, u cilju poređenja sa drugima, meri ovim univerzalnim merilom? Očevidno je, znači, koliko on sam uteruje u laž svoju neuporedivost. Ništa lakše nego jednakost i nejednakost, sličnost i nesličnost nazvati odredbama refleksije. I neuporedivost je odredba refleksije koja ima za pretpostavku delatnost poređenja. Za dokaz koliko poređenje nimalo nije čisto proizvoljna odredba refleksije treba da navedemo samo jedan primer, *novac*, stajaći tertium comparationis (osnova za poređenje) svih ljudi i stvari.

Uostalom, neuporedivost može imati različita značenja. Jedino koje ovde dolazi u obzir, „jedinstvenost", u smislu originalnosti, uzima za pretpostavku da se delatnost neuporedive individue u jednoj određenoj sferi razlikuje od delatnosti drugih *u toj istoj sferi.* Neuporediva pevačica je Persiani, baš zato što je ona *pevačica* i što je porede sa drugim pevačicama, i to porede je uši koje su, na osnovu poređenja zasnovanog na normalnoj konstrukciji i muzičkom obrazovanju, sposobne da spoznaju njenu neuporedivost. Pevanje Persianijeve je neuporedivo sa kreketanjem žabe, mada bi ovde bilo mogućno izvršiti poređenje, ali bi to onda bilo poređenje između čoveka i žabe, a ne između Persianijeve i te jedinstvene žabe. Samo, u prvom slučaju treba govoriti o poređenju između individua, a u drugom se poređenje odnosi samo na njihovu vrstu ili rodna svojstva. Treću vrstu neuporedivosti, neuporedivost pevanja Persianijeve sa repom neke komete, prepuštamo Sanču za njegovo „samouživanje", pošto se on ionako toliko raduje „besmislenom sudu", ali čak i ovo besmisleno poređenje postaje realnost u besmislenosti današnjih odnosa. Novac je zajedničko merilo svih, čak i najvećma heterogenih stvari.

Uostalom, Sančova neuporedivost se svodi opet na istu frazu na koju i jedinstvenost. Individue više ne treba meriti po jednom od njih nezavisnom tertium comparations, već poređenje *treba* da se pretvori u njihovo samorazlikovanje, to jest u slobodan razvoj njihove individualnosti, i to time što oni izbijaju sebi iz glave „fiksne ideje".

Uostalom, Sančo zna samo za poređenje koje prave literati i kafanski političari i koje dovodi do tog velelepnog rezultata da Sančo nije Bruno i da Bruno nije Sančo. A on, naravno, i ne zna za nauke koje su postigle značajan napredak tek poređenjem i utvrđivanjem razlika u okviru sfera poređenja, i u kojima poređenje dobija karakter opšteg značaja, ne zna za uporednu anatomiju, botaniku, izučavanje jezika itd.

(VI, 360—362)

KARL MARX: *KAPITAL I*

Pošto politička ekonomija voli robinsonade, neka se prvo pojavi Robinson na svome ostrvu. Mada je vaspitan u skromnosti, on ipak mora da zadovoljava raznovrsne potrebe, te zbog toga mora da vrši korisne radove raznih vrsta, da pravi alate i nameštaj, da pripitomljuje lamu, da ribari, lovi itd. Nećemo ovde govoriti o njegovim molitvama i tome slično, jer one Robinsonu pričinjavaju zadovoljstvo i on takvu delatnost smatra za razonodu. Uprkos različnosti svojih proizvodnih funkcija, on zna da su to samo različni oblici delatnosti istog Robinsona, dakle, samo različni načini ljudskog rada. Sama ga nevolja nagoni da svoje vreme tačno raspodeljuje na svoje različite funkcije. Koja će zauzeti više, a koja manje mesta u njegovoj ukupnoj delatnosti, zavisi od toga jesu li veće ili manje teškoće što ih ima da savlada radi postizanja nameravanog korisnog učinka. U tome ga poučava iskustvo, i naš Robinson, koji je iz brodoloma spasao časovnik, glavnu knjigu, mastilo i pero, ubrzo počinje da kao dobar Englez vodi knjigu o samom sebi. Njegov inventar sadrži spisak upotrebnih predmeta koje ima, različnih operacija potrebnih da se oni nаčine i, naposletku, radnog vremena koliko ga određene količine tih različitih proizvoda prosečno staju. Svi odnosi između Robinsona i stvari koje sačinjavaju njegovo bogatstvo stvoreno njegovim vlastitim rukama ovde su tako jednostavni i providni da se sme pretpostaviti da bi ih bez osobitog umnog naprezanja razumeo čak i g. M. Wirth. Pa ipak, oni sadrže sve bitne odredbe vrednosti.

(XXI, 78)

FRIEDRICH ENGELS: *DIJALEKTIKA PRIRODE*

Moderno proučavanje prirode, jedino koje je dovelo do naučnog, sistematskog i svestranog razvitka, nasuprot genijalnoj prirodnofilozofskoj intuiciji antičkog sveta i veoma značajnim, ali sporadičnim otkrićima Arapa, koja su većim delom iščezla bez rezultata — to moderno proučavanje prirode, kao i čitava novija istorija, datira od one snažne epohe koju mi Nemci, prema nacionalnoj nesreći koja nas je tada snašla, nazivamo reformacijom, Francuzi renesansom, Talijani činkvečentom, a koju nijedan od tih naziva iscrpno ne izražava. To je epoha koja počinje u drugoj polovini 15. veka. Kraljevska vlast, oslanjajući se na građane, slomila je moć feudalnog plemstva i osnovala velike monarhije, koje su se u suštini temeljile na nacionalnosti i u kojima su se razvile moderne evropske nacije i moderno buržoasko društvo; i dok su se građani i plemstvo još hvatali za kose, nemački seljački rat proročki je ukazao na buduće klasne borbe. On dovodi na pozornicu ne samo pobunjene seljake — što nije bilo više ništa novo — već iza njih i začetke današnjeg proletarijata, sa crvenom zastavom u rukama i sa zahtevom na usnama za zajedničkim posedovanjem dobara. Rukopisi spaseni u vreme propasti Bizantije, antički kipovi iskopani iz ruševina Rima otkrili su začuđenom zapadu novi svet — grčku antiku. Pred njenim svetlim likovima iščezavale su sablasti srednjeg veka; u Italiji je došlo do neviđenog procvata umetnosti, koji je izgledao kao odsjaj klasične starine i koji nikada više nije dostignut. U Italiji, Francuskoj, Nemačkoj, nikla je nova, prva moderna iteratura; uskoro doživljavaju i Engleska i Španija svoju klasičnu književnu epohu. Granice starog orbis terrarum probijene su, Zemlja je upravo tek sada otkrivena i položen je temelj kasnijoj svetskoj trgovini i prelasku zanatstva u manufakturu, koja je, pak, stvorila polaznu tačku moderne krupne industrije. Slomljena je duhovna diktatura crkve; većina germanskih naroda odbacila ju je direktno i prihvatila protestantizam, dok se kod Romana sve više ukorenjivalo od Arapa preuzeto i od novootkrivene grčke filozofije pothranjivano vedro slobodoumlje, koje je pripremalo materijalizam 18. veka.

Bio je to najveći progresivni prevrat koji je čovečanstvo dotada doživelo, vreme kome su bili potrebni divovi i koje ih je rađalo — divovi po snazi mišljenja, po strasti i karakteru, po svestranosti i po učenosti. Ljudi koji su zasnovali modernu vlast buržoazije bili su sve samo ne buržoaski ograničeni. Naprotiv, u manjoj ili većoj meri, njih je zahvatio avanturistički duh vremena. Tada gotovo da nije bilo znatnijeg čoveka koji nije daleko putovao, koji nije govorio četiri ili pet jezika, koji nije zablistao u nekoliko struka. Leonardo da Vinci bio je ne samo veliki slikar nego, takođe, i veliki matematičar, mehaničar i inženjer, kojemu različite grane fizike treba da zahvale za važna otkrića; Albrecht Dürer bio je slikar, bakrorezac, vajar, arhitekt, a pored toga pronašao je sistem fortifikacije koji sadrži neke ideje prihvaćene ponovo mnogo kasnije od Montalemberta i novije nemačke nauke o fortifikaciji. Machiavelli je bio državnik, istoričar, pesnik, a istovremeno prvi vojni pisac novijeg doba dostojan pomena. Luther je očistio ne samo Augijevu štalu crkve nego i nemačkog jezika, stvorio modernu nemačku prozu, a spevao je i tekst i melodiju onog pobedonosnog korala koji je postao „Marseljeza" 16. veka. Heroji tog vremena nisu još robovali podeli rada, čiji uticaj koji ograničava i čini ljude jednostranim tako često zapažamo kod njihovih naslednika. Ali ono što je za njih naročito karakteristično jeste to što gotovo svi žive i stvaraju usred strujanja svoga vremena, u praktičnoj borbi, opredeljuju se i bore, neki rečju i perom; drugi mačem, mnogi jednim i drugim. Otuda ono bogatstvo i snaga karaktera koja ih čini potpunim ljudima. Kabinetski naučnici bili su tada izuzeci; to su bili ljudi drugog ili trećeg reda, ili, pak, oprezni filistri, koji nisu hteli da opeku sebi prste.

I izučavanje prirode kretalo se tada usred opšte revolucije, i ono samo bilo je skroz revolucionarno; ta, moralo je ono tek izvojevati sebi pravo na opstanak. Uporedo s Italijanima, s kojima počinje novija filozofija, davalo je i izučavanje prirode svoje mučenike lomačama i tamnicama inkvizicije. A značajno je da su protestanti pretekli katolike u proganjanju slobodnog izučavanja prirode. Calvin je spalio Serveta kad je ovaj bio baš pred otkrićem krvotoka, i čak je dopustio da ga dva sata živa peku; inkvizicija se bar zadovoljila time da Giordana Bruna jednostavno spali.

(XXXI, 255—256)

FRIEDRICH ENGELS: *POREKLO PORODICE, PRIVATNE SVOJINE I DRŽAVE*

Pre srednjeg veka ne može se govoriti o individualno polnoj ljubavi. Samo se po sebi razume da su lična lepota, prisni odnos, podudarne sklonosti itd. budili kod ljudi različitog pola želju za polnim odnosima, i da nije bilo sasvim svejedno ni muškarcima ni ženama s kim će stupiti u taj najintimniji odnos. Ali odatle do naše polne ljubavi još je beskrajno daleko. U toku celog starog veka roditelji su sklapali brakove za učesnike, a ovi su se bez opiranja mirili s tim. Ono malo braćne ljubavi koju poznaje stari vek nije neka subjektivna naklonost već objektivna dužnost, nije uzrok već korelat braka. Ljubavni odnosi u modernom smislu javljaju se u starom veku samo izvan zvaničnog društva. Pastiri, čije su ljubavne radosti i stradanja opevali Teokrit i Mošus, Dafnid i Hloja Longoa — sve su to robovi koji nemaju nikakvog udela u državi, životnoj sferi slobodnog građanina. Ali, izuzev među robovima, ljubavne avanture nalazimo jedino kao proizvode raspadanja starog sveta, i to sa ženama koje su isto tako izvan zvaničnog društva, s heterama, dakle, sa strankinjama i oslobođenim robinjama: u Atini — uoči njene propasti, u Rimu — u doba imperije. Ako su se ikad dešavale ljubavne avanture između slobodnih građana i građanki, to je bilo jedino u vidu brakolomstva. I klasičnom pesniku ljubavi u starom veku, starom Anakreonu, bila je polna ljubav u našem smislu toliko bez važnosti da mu je čak i pol voljenog bića bio poslednja briga.

124

Naša polna ljubav razlikuje se suštinski od antičkog prostog polnog nagona, erosa. Prvo, ona pretpostavlja kod voljenog bića uzvraćanje ljubavi; utoliko je žena izjednačena sa muškarcem, dok se kod antičkog erosa to uzvraćanje i ne traži uvek. Drugo, polna ljubav ima takav stepen intenziteta i trajanja da obema stranama neposedovanje i rastanak izgledaju velika, ako ne i najveća nesreća; da bi mogli pripadati jedno drugom, oni stavljaju na kocku sve, čak i život, što se u starom veku moglo desiti jedino prilikom preljube. I, najzad, stvara se novo moralno merilo za ocenu polnog odnosa; ne pita se samo: da li je odnos bio bračan ili vanbračan, nego takođe: da li je proistekao iz uzajamne ljubavi ili ne? Razume se da u feudalnoj ili buržoaskoj praksi to novo merilo ne prolazi bolje od svih drugih merila morala — preko njega se prelazi. Ali ono ne prolazi ni gore. Ono je priznato isto toliko koliko i ostala — u teoriji, na hartiji. A zasad ono ne može više ni tražiti.

Srednji vek počinje s onim čime je stari vek prekinuo svoje začetke polne ljubavi: s brakolomstvom. Mi smo već opisali vitešku ljubav koja je stvorila Tagelieder. Od ove ljubavi, koja hoće da ruši brak, do one koja treba da ga osnuje još je dug put, koji viteštvo nije nikad do kraja prevalilo. Čak i kad pređemo od frivolnih Romana na vrle Nemce, nalazimo u pesmi o Nibelunzima da Krimhilda, doduše, nije ništa manje potajno zaljubljena u Zigfrida nego on u nju, ali da ona ipak na Gunterovo obaveštenje da ju je obećao jednom vitezu, koga ne imenuje, mirno odgovara:

„Nema potrebe da me molite; kako mi zapovedate, tako ću uvek i postupiti; onoga koga mi vi, gospodaru, date za muža, s njim ću se rado veriti."

Ne pada joj ni na pamet da bi ovde uopšte mogla doći u obzir njena ljubav. Gunter prosi Brunhildu, Atila Krimhildu, iako ih nisu nikad videli; isto tako u *Gutruni* Zigebant iz Irske prosi Norvežanku Utu, Hetel iz Hegelingena — Hildu iz Irske, najzad, Zigfrid iz Morlanda, Hartmud iz Ormanije i Hervig iz Zelanda — Gutrunu; i tek se ovde događa da se ona dobrovoljno odlučuje za poslednjeg. Po pravilu, mladom knezu biraju njegovi roditelji nevestu ako su još živi, inače on sâm bira savetujući se s velikim vazalima, koji u svim slučajevima imaju pri tome odsudnu reč. Ne može ni biti drukčije. Za viteza ili barona, kao i za sâmog vladara zemlje, ženidba je politički akt, prilika za uvećanje moći pomoću novih saveza. Interes *kuće* ima da odluči, a ne želja pojedinca. Kako bi onda tu ljubav mogla da kaže poslednju reč u pogledu sklapanja braka?

To isto važi i za građanina-esnafliju srednjovekovnih gradova. Upravo privilegije koje ga štite, esnafski poredak sa svim svojim ograničenjima, veštački napravljene granice koje su ga zakonski odvajale, s jedne strane, od ostalih esnafa, s druge strane, do njegovih sopstvenih esnafskih drugova, njegovih pomoćnika i šegrta, već su dosta suzile krug u kome je mogao tražiti sebi pogodnu suprugu. A koja je od njih bila najpogodnija — to u ovom zamršenom sistemu, razume se, nije odlučivala njegova individualna volja već interes porodice.

(XXXII, 64—66)

FRIEDRICH ENGELS: *ANTI-DÜHRING*

Moderni je socijalizam po svojoj sadržini pre svega plod posmatranja, s jedne strane, klasnih suprotnosti koje vladaju u današnjem društvu između bogataša i sirotinje, najamnih radnika i buržoazije, i, s druge strane, anarhije koja vlada u proizvodnji. Međutim, po svom teorijskom obliku, on se u početku javlja kao dalekosežnije, na izgled doslednije sprovođenje načela koja su postavili veliki francuski filozofi-prosvetitelji 18. veka. Kao i svaka nova teorija, tako je i socijalizam najpre morao poći od one idejne građe koju je zatekao, ma koliko da mu je koren bio u ekonomskim činjenicama.

Veliki ljudi koji su u Francuskoj prosvećivali duhove pripremajući ih za revoluciju koja je dolazila bili su i sami veoma revolucionarni. Oni nisu priznavali nikakav spoljni autoritet, ma koje vrste bio. Religija, shvatanje prirode, društvo, državno uređenje, sve je bilo podvrgnuto najnepoštednijoj kritici; sve to trebalo je ili da opravda svoj opstanak pred sudom razuma, ili da se odrekne opstanka. Misleći um postao je jedino merilo koje se primenjivalo na sve. To je bilo doba kad je, kako veli Hegel, svet bio postavljen na glavu, najpre u tom smislu što su čovekova glava i načela do kojih je ona došla razmišljanjem zahtevali da važe kao temelj za sve postupke ljudi i za sve njihove društvene odnose, a kasnije i u širem smislu, što je stvarnost koja bi bila u suprotnosti s tim načelima doista bila preokrenuta od vrha do temelja. Svi dotadašnji društveni i državni oblici, sve od starine nasleđene predstave, bačeni su kao

127

nerazumni u staro gvožđe; svet se dotle rukovodio jedino predrasudama; čitava prošlost zaslužila je samosažaljenje i preziranje. Sad je tek svanuo dan; praznovericu, nepravdu, privilegiju i ugnjetavanje treba odsad da potisnu večita istina, večita pravda, prirodna jednakost i neotuđiva čovekova prava.

Mi sad znamo da to carstvo razuma nije bilo ništa drugo do idealizovano carstvo buržoazije; da se večita pravda ostvarila kao buržoaska pravda; da se jednakost svela na buržoasku jednakost pred zakonom; da je kao jedno od najbitnijih čovekovih prava bila proklamovana — buržoaska svojina; da je razumna država, Rousseauov društveni ugovor, bila oživotvorena i mogla biti oživotvorena samo kao buržoaska, demokratska republika. Ni veliki mislioci 18. veka, kao ni njihovi prethodnici, nisu mogli preći granice koje im je postavila njihova epoha.

Ali pored suprotnosti između feudalnog plemstva i buržoazije postojala je i opšta suprotnost između eksploatatora i eksploatisanih, između bogatih besposličara i radne sirotinje. Upravo je ta okolnost i omogućila da predstavnici buržoazije nastupaju ne kao predstavnici neke posebne klase, već kao predstavnici celog čovečanstva koje pati. Još više. Od svog postanka buržoazija nosi u sebi svoju suprotnost: kapitalisti ne mogu postojati bez najamnih radnika, i u istoj onoj mjeri u kojoj se srednjovekovni esnafski građanin razvijao u modernog buržuja razvijao se i esnafski kalfa ili vanesnafski nadničar u proletera. Ali mada je, uopšte uzev, buržoazija mogla s pravom tvrditi da u borbi protiv plemstva jednovremeno zastupa i interese raznih radnih klasa onog vremena, ipak su prilikom svih velikih buržoaskih pokreta izbijala i samostalna gibanja one klase koja je bila više ili manje razvijeni prethodnik modernog proletarijata. Tako je u doba nemačke reformacije i seljačkog rata pravac Thomasa Münzera; u velikoj engleskoj revoluciji leveleri, u velikoj francuskoj revoluciji Babeut. Pored tih revolucionarnih pobuna jedne još neizgrađene klase, javljale su se i odgovarajuće teorijske manifestacije; u 16. i 17. veku utopijska opisivanja idealnih društvenih stanja, u 18. veku već i direktno komunističke teorije (Morelly i Mably). Zahtev za jednakošću više se nije ograničavao na politička prava, trebalo ga je proširiti i na društveni položaj pojedinaca; trebalo je ukinuti ne samo klasne privilegije nego i same klasne razlike. Tako je prvi oblik u kome se pojavilo novo učenje bio neka vrsta asketskog komunizma po ugledu na Spartu. Zatim su došla tri velika utopista: Saint-Simon kod koga je buržoaski pravac još zadržao izvesnu važnost pored proleterskoga; Fourrier i Owen, koji je, u zemlji s najrazvijenijom kapitalističkom proizvodnjom i pod utiskom suprotnosti stvorenih tom proizvodnjom, sistematski razvijao svoje predloge za uklanjanje klasnih razlika, nadovezujući se direktno na francuski materijalizam.

(XXXI, 16—17)

Najzad: čak i sama Rousseauova teorija jednakosti, čiju bledu i izopačenu kopiju predstavlja Dühringova teorija, ne bi mogla doći na svet da joj nije bila babica Hegelova negacija negacije, i to više od dvadeset godina pre Hegelova rođenja. I daleko od toga da se zbog ovoga stidi, ta teorija u svom prvom prikazu gotovo ostentativno iznosi na vidik pečat dijalektičkog porekla. U prirodnom stanju, u divljni, ljudi su bili jednaki; a kako Rousseau već i na postanak govora gleda kao na kvarenje prirodnog stanja, on ima potpuno pravo da jednakost među životinjama jedne određene vrste primeni i na one hipotetične ljude-životinje koje je Haeckel nedavno klasifikovao kao alale, oni koji nemaju govora. Ali ovi među sobom jednaki ljudi-životinje imali su jednu prednost nad ostalim životinjama: sposobnost da se usavršavaju, da se dalje razvijaju; i ta je sposobnost postala uzrok nejednakosti. Rousseau vidi, dakle, u nastanku nejednakosti napredak. Ali je taj napredak bio antagonistički, on je bio ujedno i nazadak.

„Svako dalje napredovanje" (posle prvobitnog stanja) „značilo je na izgled po jedan korak ka *usavršavanju pojedinaca, a u stvari — ka nazadovanju ljudskog roda.* . . Obrada metala i zemljoradnja su one dve veštine čijim je pronalaskom bila izazvana ta velika revolucija" (pretvaranje prašume u obrađenu zemlju, ali i nastanak bede i ropstva posredstvom svojine). „Za pesnika su zlato i srebro, a za filozofa gvožđe i žito civilizovali *ljude* i ruinirali ljudski *rod.*"

Svaki nov napredak civilizacije ujedno je i nov porast nejednakosti. Sve ustanove što ih za sebe stvara društvo koje je nastalo sa civilizacijom preokreću se u nešto suprotno od onoga što im je bilo prvobitna svrha.

„Neosporno je — i to je osnovni zakon celokupnog državnog prava — da su narodi sebi stvorili vladare da štite njihovu slobodu, a ne da je unište."

Pa ipak ti vladari nužno postaju ugnjetači naroda i ovo ugnjetavanje pojačavaju sve do one tačke na kojoj se nejednakost, zaoštrena do krajnosti, opet preobraća u svoju suprotnost, postaje uzrok jednakosti: pod despotom su svi jednaki, naime jednaki nuli.

„Tu je krajnji stepen nejednakosti, *ona krajnja tačka koja zatvara krug i dodiruje tačku od koje smo bili pošli: tu svi privatni ljudi postaju jednaki baš zato što nisu ništa,* i podanici više nemaju drugog zakona do gospodarevu volju." Ali je despot gospodar samo dok ima silu, i zato, čim bude „proteran, ne može da se tuži protiv sile... Sila ga je održavala, sila ga izbacuje, sve ide svojim prirodnim tokom."

I tako se nejednakost opet preobraća u jednakost, ali ne u staru prvobitnu jednakost praljudi koji ne umeju da govore, nego u višu jednakost društvenog ugovora. Ugnjetači bivaju ugnjeteni. To je negacija negacije.

Već ovde kod Rousseaua imamo, dakle, ne samo tok misli u dlaku sličan onome kojim je išao Marx u *Kapitalu* nego i u pojedinostima čitav niz dijalektičkih obrta kojima se služi i Marx: procese koji su antagonistički po svojoj prirodi, koji u sebi sadrže protivrečnost, preobraćanje jednog ekstrema u svoju suprotnost, najzad, kao jezgru celine, negaciju negacije. Mada Rousseau 1754. još nije mogao da govori hegelovskim žargonom, ipak je, 23 godine pre Hegelova rođenja bio duboko nagrižen hegelovskom zarazom, dijalektikom protivrečnosti, učenjem o logosu, teologikom itd. Pa i g. Dühring kad operiše sa svoja dva pobedonosna muškarca, razvodnjavajući Rousseauovu teoriju jednakosti, već se nalazi na nizbrdici po kojoj klizi, bez ikakva izgleda na spasenje, u naručje negaciji negacije. Stanje u kome cveta jednakost ona dva muškarca, a koje je predstavljeno i kao idealno stanje, dobilo je na 271. str. *Kursa filozofije* naziv „prvobitno stanje". Ali to prvobitno stanje biva na 279. str. nužno ukinuto „sistemom otimačine" — prva negacija. A sad smo, hvala budi filozoflji stvarnosti, dospeli dotle da ukidamo sistem otimačine i da umesto njega uvodimo pronalazak g. Dühringa, privrednu komunu zasnovanu na jednakosti — negacija negacije, jednakost na višem stupnju. Kakav zabavan prizor koji blagovremeno proširuje vidokrug: sâm g. Dühring svojom visokom personom vrši kapitalni prestup, negaciju negacije!

(XXXI, 107—108)

KARL MARX: *TEORIJE O VIŠKU VREDNOSTI*

Filozof proizvodi ideje, pesnik pesme, sveštenik propovedi, profesor udžbenike itd. Zločinac proizvodi zločine. Osmotrimo li izbliže vezu ove poslednje grane proizvodnje s društvom u celini, otrešćemo se mnogih predrasuda. Zločinac ne proizvodi samo zločine, nego i krivično pravo, pa time i profesora koji drži predavanja iz krivičnog prava, a k tome i neizbežni priručnik u kome taj isti profesor iznosi kao „robu" na opšte tržište svoja predavanja. Samim tim se povećava nacionalno bogatstvo, ne uzimajući u obzir lični užitak koji rukopis priručnika pruža svome tvorcu, kako nam (kazuje) jedan kompetentni svedok, profesor Roscher.

Zločinac proizvodi, dalje, celu policiju i celo krivično pravosuđe, pandure, sudije, dželate, porotnike itd., i sve te različite profesije koje sačinjavaju isto toliko kategorija društvene podele rada, razvijaju različne sposobnosti ljudskog duha, stvaraju nove potrebe i nove načine njihovog zadovoljavanja. Sama tortura bila je povod za najoštroumnije mehaničke pronalaske i u proizvodnji svojih oruđa uposlila je masu poštenih zanatlija.

Zločinac proizvodi utisak, bilo moralni, bilo tragični — prema prilikama — i čini tako „uslugu" pokretanju moralnih i estetskih osećanja publike. On ne proizvodi samo priručnike o krivičnom pravu, samo kaznene zakonike, pa time i zakonodavce za krivično zakonodavstvo, već i umetnost, lepu književnost, romane, pa čak i tragedije, kako dokazuje ne samo Müllnerova *Krivica* i Schillerovi *Razbojnici* već i sam

[Sofoklov] *Edip* i [Shakespeareov] *Ričard III.* Zločinac prekida monotoniju i svakidašnju bezbednost buržoaskog života. On ga tim čuva od stagnacije i izaziva onu nespokojnu napregnutost i živost bez koje bi čak i oštrica konkurencije otupela. On daje tako podstrek proizvodnim snagama. Dok zločin oduzima tržištu rada jedan deo prekobrojnog stanovništva i time umanjuje konkurenciju među radnicima, do izvesnog stepena sprečava pad najamnine ispod minimuma, dotle borba protiv zločina apsorbuje drugi deo istog stanovništva. Tako se zločinac pojavljuje kao jedno od onih prirodnih „izravnanja" koja uspostavljaju pravi nivo i otvaraju celu perspektivu „korisnih" profesija.

Uticaji zločinca na razvitak proizvodnih snaga mogu se do u sitnice dokazati. Da li bi brave ikada dostigle svoje sadašnje savršenstvo da nema lopova? Da li bi se fabrikacija novčanica razvila do svog sadašnjeg savršenstva kad ne bi bilo falsifikatora novca? Zar bi mikroskop našao put u obične trgovačke sfere (vidi Babbage-a) bez prevare u trgovini? Zar praktična hemija ne duguje isto toliko falsifikovanju robe i težnji da se ono otkrije, koliko i poštenoj revnosti u proizvodnji? Svojim vazda novim sredstvima za napad na svojinu zločin stalno iziskuje nova sredstva za odbranu i deluje isto tako proizvodno kao i štrajkovi na pronalazak mašine. A ako ostavimo sferu privatnog zločina: Zar bi svetsko tržište, pa i same nacije, ikad nastali bez nacionalnih zločina? I zar drvo greha nije ujedno i drvo saznanja još od Adamovih vremena? Već je Mandeville u svojoj *Fable of the bees* (1705) dokazao proizvodnost svih mogućih profesija itd. i uopšte tendenciju celog svog rasuđivanja.

„To što u ovom svetu nazivamo zlom, kako moralnim tako i prirodnim zlom, to je veliki princip koji nas čini društvenim stvorovima, to je čvrsta osnova, *život i oslonac svih radinosti i zanimanja bez izuzetka;* tu treba da tražimo pravog istočnika svih veština i nauka; i u onom trenutku u kome bi nestalo zla, društvo bi moralo degenerisati, ako ne bi i potpuno propalo."

Samo, Mandeville je beskrajno smeliji i pošteniji od filistarskih apologeta buržoaskog društva.

(XXIV, 295—296)

Zato proces kapitalističke proizvodnje i nije samo proizvodnja robe. On je proces koji usisava neplaćeni rad, proces koji materijal i sredstva za rad — sredstva za proizvodnju — čini sredstvima za usisavanje neplaćenog rada.

Iz prethodnog proizlazi da biti *proizvodan rad* jeste takva odredba rada koja, pre svega, nema nikakve veze sa *određenom sadržinom* rada, ni s njegovom posebnom korisnošću ili osobenom upotrebnom vrednošću u kojoj se predstavlja.

Ista vrsta rada može da bude *proizvodna* ili *neproizvodna.*

Na primer Milton, koji je napisao *Izgubljeni raj* i dobio za to pet funti sterlinga, bio je *neproizvodan radnik.* Naprotiv, pisac koji radi za svog izdavača *proizvodan je radnik.* Milton je proizveo *Izgubljeni raj* iz istog razloga iz kojeg svilena buba proizvodi svilu. Bilo je to delanje *njegove* prirode. On je kasnije prodao taj proizvod za pet funti sterlinga. Ali lajpciški književni proleter koji pod upravom svog knjižara fabrikuje knjige (na primer, priručnike ekonomije), *proizvodan je radnik;* jer, njegova proizvodnja je unapred podređena kapitalu i vrši se samo radi njegova oplođavanja. Pevačica, na primer, koja na svoj sopstveni rizik prodaje svoje pevanje *neproizvodan je radnik.* Ali kad tu istu pevačicu angažuje neki entrepreneur da peva na koncertima da bi zaradio novaca, ona je *proizvodan radnik,* jer proizvodi kapital.

(XXIV, 306)

134

4.

ANALIZE I OCJENE UMJETNIČKIH DJELA

KARL MARX: *EKONOMSKO-FILOZOFSKI RUKOPISI (1844)*

Ako čovjekovi *osjeti,* strasti itd. nisu samo antropološka određenja u (užem) smislu, nego istinski *ontološka* potvrđivanja bića (prirode) — i ako se oni zbiljski potvrđuju samo na taj način što njihov *predmet* za njih postoji *osjetilno,* razumije se 1. da način njihova potvrđivanja nije jedan i sasvim isti nego, naprotiv, da različiti načini potvrđivanja čine svojevrsnost njihova postojanja, njihova života; način kako predmet postoji za njih svojevrstan je način njihova *užitka;* 2. tamo gdje je osjetilno potvrđivanje neposredno ukidanje predmeta u njegovu samostalnom obliku (jelo, piće, obrada predmeta itd.), to je potvrđivanje predmeta; 3. ukoliko je čovjek *čovječan,* dakle, ukoliko je i njegov osjet itd. *čovječan,* potvrđivanje predmeta pomoću drugoga također je njegov vlastiti užitak; 4. tek pomoću razvijene industrije, tj. pomoću posredovanja privatnog vlasništva, ontološka suština čovjekove strasti postiže kako svoj totalitet tako i svoju ljudskost; dakle, sama nauka o čovjeku je proizvod praktičkog čovjekovog samopotvrđivanja; 5. smisao je privatnog vlasništva — oslobođena svog otuđenja — *postojanje bitnih predmeta* za čovjeka, kako predmeta užitka tako i predmeta djelatnosti.

Time, dakle, što posjeduje *svojstvo* da sve kupuje, time što posjeduje svojstvo da prisvaja sve predmete, *novac* je *predmet* u eminentnom smislu. Univerzalnost njegova *svojstva* je svemoć njegova bića; stoga on važi kao svemoćno biće ... Novac je *svodnik* između potrebe i predmeta, između života i čovjekova sredstva za život. A ono *što* mi posreduje *moj* život, to mi posreduje i postojanje drugih ljudi za mene. To je za mene *drugi* čovjek. —

>„Do vraga! Naravno, ruke i noge
>I glava i zadnjica, to je tvoje!
>A, ipak, sve što svježe uživam,
>Zar je to, stoga, manje moje?
>Mogu li platiti šest pastuha,
>Nisu li njihove snage moje?
>Ja jurim i pravi sam čovjek
>Kao da imam dvaest četir' noge."

Goethe, Faust (Mephisto)

Shakespeare u *Timonu Atenskom:*

>„Zlato? Skupocjeno, blistavo, crveno zlato?
>Ne, bogovi! Nisam uzalud preklinjao.
>Toliko toga čini crno bijelim, ružno lijepim;
>Zlo dobrim, staro mladim,
>Plašljivo hrabrim, podlo plemenitim.

— — — — — — — —

>Ono mami... svećenika od oltara;
>Bolesnom otima jastuk ispod glave;
>Da, ovaj crveni rob razvezuje i vezuje
>Posvećene veze; blagosilja proklete;
>Kugu čini ljupkom, daje lopovu čast
>I daje mu ugled, poštovanje i utjecaj
>U vijeću senatora; ostarjeloj udovici
>Dovodi mlade prosce;
>Nju, odagnanu s gađenjem iz bolnice,
>S ranama otrovnim i gnojnim,
>Pomlađuje kao melem
>U majsku mladost. Prokleti metale,
>Ti prosta droljo što zavodiš ljude
>I narode."

A nešto dalje:

> „Ti slatki kraljeubico, plemeniti raskoljniče
> Sina i oca! sjajni oskvrnitelju
> Najsvetijeg boga himena! hrabri Marse!
> Vječno cvatući, nježno-voljeni zavodniče,
> Što crvenim sjajem topiš sveti snijeg
> Na čistom krilu Dijane! *vidljivo božanstvo*
> Što tijesno bratimiš *nemogućnosti*
> I siliš ih da se ljube!
> Govoriš svakim jezikom i za svaku svrhu!
> O ti, probni kamene srdaca!
> Zamisli, buni se rob tvoj, čovjek!
> *Uništi* ih svojom snagom, i razdorom pometi,
> Da životinje zavladaju ovim svijetom!"

Shakespeare izvrsno opisuje suštinu *novca*. Da bismo ga razumjeli, počinjemo, prije svega, s izlaganjem Goetheova stava.

Što za mene postoji pomoću *novca*, što ja mogu platiti, tj. što novac može kupiti, to *sam ja*, sâm posjednik novca. Kolika je snaga novca, tolika je moja snaga. Svojstva novca su moja — njegova posjednika — svojstva i suštinske snage. To što *ja jesam* i što *mogu*, nije, dakle nikako određeno mojom individualnošću. Ja *jesam* ružan, ali mogu kupiti *najljepšu* ženu, dakle, ja nisam ružan, jer je djelovanje *ružnoće,* njena odbojna snaga uništena pomoću novca. Ja sam — prema svojoj individualnosti —*hrom*, ali mi novac pribavlja 24 noge; dakle, ja nisam hrom; ja sam rđav, nepošten, nesavjestan, glup čovjek, ali je novac cijenjen, dakle, cijenjen je i njegov posjednik. Novac je najviše dobro, dakle, i njegov posjednik je dobar, novac me, osim toga, oslobađa muke da budem nepošten; dakle, unaprijed se pretpostavlja da sam pošten; ja sam bez duha, ali novac je *zbiljski duh* svih stvari, pa kako bi njegov posjednik bio bez duha? Osim toga, on može kupiti umne ljude, a onaj koji ima moć nad umnim ljudima, nije li on umniji od umnih! Ja, koji pomoću novca mogu *sve* za čim čezne ljudsko srce, ne posjedujem li ja sve ljudske moći! Ne pretvara li, dakle, moj novac sve moje nemoći u njihovu suprotnost?

Ako je *novac* veza koja me vezuje za *ljudski* život, za društvo, za prirodu i ljude, nije li novac veza svih *veza!* Ne može li on razriješiti i vezati sve veze! Nije li on zato i opće *svojstvo razdvajanja?* On je prava *moneta razdvajanja,* kao što je i pravo *sredstvo veze, (galvano-)kemijska* snaga društva.

Shakespeare osobito ističe dva svojstva novca:

1. on je vidljivo božanstvo, pretvaranje svih ljudskih i prirodnih svojstava u njihovu suprotnost, opća zamjena i obrtanje stvari, on bratimi nemogućnosti;

2. on je opća prostitutka, opći svodnik ljudi i naroda.

Izopačavanje i zamjenjivanje svih ljudskih i prirodnih kvaliteta, bratimljenje nemogućnosti — *božanska* snaga — novca leži u njegovu *biću* kao otuđenom, ospoljenom, ospoljavajućem, rodnom biću čovjeka. On je ospoljena *moć čovječanstva.*

Što ja ne mogu kao *čovjek,* dakle, što ne mogu moje individualne suštinske snage, to mogu pomoću *novca.* Novac, dakle, čini svaku od tih suštinskih snaga nečim što ona po sebi nije, tj. njenom *suprotnošću.*

Ako želim neko jelo ili su mi potrebna poštanska kola jer nisam dovoljno jak da put prijeđem pješke, novac mi pribavlja jelo i poštanska kola, tj. on pretvara moje želje iz bića predodžbe, on ih prevodi iz njihovog mišljenog, predočenog, željenog postojanja u njihovo *osjetilno, zbiljsko* postojanje, iz predodžbe u život, iz predočenog bitka u zbiljski bitak. Kao to posredovanje (novac) je *istinska stvaralačka* snaga.

Demande [potražnja] postoji isto tako za onoga ko nema novca, ali njegova demande je samo biće predodžbe, koje na mene, na trećega, na (druge) nema djelovanja, koje nema egzistencije, dakle, za mene samog ostaje *nestvarno, bespredmetno.* Razlika između efektivne demande, koja se bazira na novcu, i neefektivne, koja se bazira na mojoj potrebi, na mojoj strasti, na mojoj želji itd., jest razlika između *bitka* i *mišljenja,* između predodžbe koja *egzistira* samo u meni i predodžbe koja je za mene *zbiljski predmet* izvan mene.

(III, 257—260)

FRIEDRICH ENGELS: *PREDGOVOR „POREKLU PORODICE, PRIVATNE SVOJINE I DRŽAVE"*

Istorija porodice počinje od 1861, od pojave Bachofenove knjige *Mutterrecht*. U njoj pisac postavlja sledeće teze: 1) da su ljudi u početku živeli u neograničenim polnim odnosima, što on pogrešno naziva „heterizmom"; 2) da se usled takvog polnog odnosa ne može sigurno utvrditi ko je otac, da se stoga moglo računati poreklo samo po ženskoj liniji, po matrijarhatu, i da je prvobitno tako i bilo kod svih naroda starog veka; 3) da su usled toga žene, kao majke, kao jedini pouzdano poznati roditelji mlađe generacije uživale veliko poštovanje i ugled, koji su se, po Bachofenovoj koncepciji, razvili do potpune vladavine žena (ginekokratija); 4) da je prelaz ka monogamiji, gde je žena pripadala isključivo *jednom* muškarcu, sadržavao u sebi povredu jedne prastare religijske zapovesti (tj. stvarno povredu tradicionalnog prava ostalih muškaraca na istu ženu), povredu koju je trebalo okajati ili čije je tolerisanje trebalo iskupiti podavanjem žene drugima za izvesno vreme.

Dokaze za ova tvrđenja nalazi Bachofen u bezbrojnim pasusima iz staroklasične književnosti koje je sakupio s vanrednom revnošću. Razvoj od „heterizma" ka monogamiji i od matrijarhata ka patrijarhatu vrši se, po njemu, naročito kod Grka, usled daljeg razvoja religijskih predstava, usled uvođenja novih božanstava, predstavnika novog shvatanja, u tradicionalnu grupu bogova, predstavnika starog shvatanja, tako da prvi potiskuju sve više ove poslednje. Po Bachofenu, dakle, istorijske promene u uzajamnom društvenom položaju muškarca i žene nisu prouzrokovane razvojem stvarnih životnih uslova ljudi nego religijskim odrazom ovih životnih uslova u glavama tih ljudi. Prema tome, Bachofen tumači Eshilovu *Orestiju* kao dramski opis borbe između matrijarhata koji propada i patrijarhata koji se javlja i pobeđuje u herojsko doba. Za ljubav svoga ljubavnika Egista, Klitemnestra je ubila svoga muža Agamemnona koji se vraćao iz trojanskog rata; ali njen i Agamemnonov sin Orest sveti ubistvo oca ubistvom svoje majke. Stoga ga progone erinije, demonske zaštitnice matrijarhata, po kome je ubistvo majke najteži zločin, koji se ne može ničim okajati. Ali Oresta zaštićuje Apolon, koji ga je svojim proročanstvom naveo na to delo, i Atina, koju su pozvali za sudiju — božanstva koja ovde predstavljaju novo patrijarhalno uređenje; Atina saslušava obe strane. Celo sporno pitanje sažeto je u debati koja se sad razvija između Oresta i erinijâ. Orest se poziva na to da je Klitemnestra izvršila dvostruki zločin: što je ubila *svoga* muža, a time *njegovog* oca. *Zašto* onda erinije progone njega, a ne nju koja je mnogo više kriva? Odgovor je porazan:

„Ona *nije bila u krvnom srodstvu* s čovekom koga je ubila."

Ubistvo čoveka koji nije srodnik po krvi, čak i kad je običan muž, može se okajati, ne tiče se ništa erinija; njihova je dužnost samo da kažnjavaju za ubistva među krvnim srodnicima, a od njih je, po matrijarhatu, najteže i najneiskupljivije ubistvo majke. Posle toga javlja se Apolon kao Orestov branilac; Atina poziva areopagite — atinske porotnike — da glasaju; glasovi su podjednako podeljeni za oslobođenje i za osudu; tada Atina kao predsednica, daje svoj glas za Oresta i oslobađa ga. Patrijarhat je odneo pobedu nad matrijarhatom, „bogovi mladog pokolenja", kako ih nazivaju sâme erinije, pobeđuju erinije, te one najzad pristaju da preuzmu novu dužnost u službi novog uređenja.

Ovo novo, no, nesumnjivo, pravilno tumačenje *Orestije* jeste jedno od najlepših i najboljih mesta u celoj knjizi, ali ono istovremeno pokazuje da Bachofen veruje bar isto toliko u erinije, Apolona i Atinu koliko i Eshil u svoje vreme; upravo, on veruje da su oni u grčko herojsko doba izveli čudo obaranja matrijarhata pomoću patrijarhata. Jasno je da se takvo shvatanje, gde religija važi kao odlučujuća poluga svetske istorije, mora konačno svesti na čist misticizam. Stoga je mučan i ne uvek zahvalan posao prostudirati Bachofenovu debelu knjigu u kvart-formatu. Ali sve to ne umanjuje njegovu pionirsku zaslugu. On je prvi zamenio frazu o nekom nepoznatom prvobitnom stanju s neregulisanim polnim odnosima dokazom da nam staroklasična literatura pruža mnogo tragova iz kojih se vidi da je monogamiji kod Grka i Azijata stvarno prethodilo stanje u kome je ne samo muškarac imao polni odnos s više žena nego i žena s više muškaraca, i da to nije vređalo moral; da ovaj običaj nije iščezao ne ostavivši tragove u ograničenom podavanju, kojim su žene iskupljivale pravo na monogamiju; da se stoga poreklo prvobitno moglo računati samo po ženskoj lozi, od majke do majke; da se ovo isključivo priznavanje ženske loze zadržalo dugo još, i u doba monogamije s utvrđenim ili bar priznatim očinstvom, i da je ovaj prvobitni položaj majki, kao jedino sigurnih roditelja svoje dece, obezbeđivao njima, a time ženama uopšte, viši društveni položaj nego što su ga ikad docnije imale. Doduše, Bachofen nije ova načela tako jasno izrazio — u tome ga je sprečavalo njegovo mistično shvatanje. Ali on ih je dokazao, a to je predstavljalo 1861. pravu revoluciju.

(XXXII, 386—388)

144

KARL MARX: PISMA

Dragi Lassalle,

. . . . .

A sada prelazim na *Franza von Sickingena*. D'abord [najprije] moram pohvaliti kompoziciju i akciju, a to je više nego što se može reći o bilo kojoj modernoj njemačkoj drami. In the second instance [drugo], ako se odbaci svaki čisto kritički odnos prema tome radu, ona me je prilikom svakog čitanja snažno uzbudila, pa će u čitalaca, u kojih prevladava osjećajnost, proizvesti taj učinak još u većoj mjeri. A to je još jedna, vrlo važna njezina strana.

A sad the other side of the medal [druga strana medalje]: *Prvo* — u posve formalnom pogledu — budući da si nekoć pisao u stihovima, mogao si jambe obraditi malko umjetničkije. Međutim, ma koliko *pjesnici od zanata* budu tom nebrižljivošću ozlojeđeni, ja je uglavnom promatram kao prednost, jer naši epigonski poetski poletarci nisu iz nasljeđa preuzeli ništa do formalne glatkoće. *Drugo*, zamišljeni zaplet nije samo tragičan, nego je tragični zaplet ono od čega je s pravom propala revolucionarna partija iz 1848—49. Ja se, dakle, mogu apsolutno samo složiti s mišlju da se taj sukob učini čvornom tačkom jedne moderne tragedije. Ali se zatim pitam je li obrađena tema prikladna za prikaz te kolizije? Balthasar se zaista može zanositi mišlju da bi pobijedio, da je Sickingen istakao zastavu protiv carstva i otvorenog rata protiv vojvodstva, umjesto što je svoju pobunu prikrivao viteškom borbom. Ali, možemo li prihvatiti tu iluziju? Sickingen (a s njim, više ili manje, i

Hutten) nije propao zbog svoje lukavosti. Propao je stoga što se kao *vitez* i kao *predstavnik klase koja propada* pobunio protiv postojećeg stanja, ili, još bolje, protiv novog oblika postojećeg stanja. Ako sa Sickingena skinemo ono što pripada tome individuumu i njegovoj osobitoj obrazovanosti, prirodnoj dispoziciji itd., preostaje nam — Götz von Berlichingen. U ovom poslednjem, u tom *bijedniku*, sadržana je tragična suprotnost viteštva prema caru i vojvodama u svojem adekvatnom obliku, pa ga je Goethe s pravom učinio junakom. Dok se Sickingen — pa čak u neku ruku i Hutten, premda bi se u njegovu slučaju, kao i u slučaju svih ideologa jedne klase takvi sudovi morali znatno modificirati — bori protiv knezova (suprotstavljanje caru nastaje samo stoga što se on od cara vitezova preobražava u cara knezova); on je zapravo samo Don Quixote, mada historijski opravdani Don Quixote. Što on pobunu započinje pod prividom viteške borbe, to ne znači ništa drugo nego da je započinje viteški. Ako bi je započeo drukčije, morao bi izravno i odmah na početku apelirati na staleže i seljake, tj. baš na one klase čiji je razvoj = negaciji viteštva.

Ako, dakle, nisi htio da koliziju jednostavno svedeš na onu koja je prikazana u Götzu von B(erlichingen) — a to nije bila Tvoja zamisao — onda su Sickingen i Hutten morali propasti jer su u svojoj uobrazilji bili revolucionari (što se sa Götza ne može reći) i jer su baš kao i *obrazovano* poljsko plemstvo iz 1830, sebe u jednu ruku učinili organima modernih ideja, a na drugoj strani su zaista zastupali reakcionarni klasni interes. *Plemićki* reprezentanti revolucije — iza čijih parola o jedinstvu i slobodi još uvijek izviruje san starog carstva i prava jačega — nisu tada smjeli apsorbirati sav interes onako kako to čine u Tebe, već su vrlo važnu aktivnu pozadinu morali sačinjavati predstavnici seljaka (naročito ovih) i revolucionarnih elemenata u gradovima. Tada si morao u mnogo većoj mjeri dopustiti da dođu do riječi upravo najmodernije ideje u svom najnaivnijem obliku, dok sada, u stvari, glavnu ideju, osim *vjerske* slobode, sačinjava i građansko *jedinstvo*. Ti bi tada morao spontano više *šekspirizirati*, a ja Ti Tvoje *šileriziranje*, preobrazbu individuuma u puke zvučnike duha vremena, zamjeram kao najtežu pogrešku. — Nisi li sam Ti, kao i Tvoj F(ranz) von S(ickingen), u neku ruku zapao u diplomatsku grešku da lutersko-viteškoj opoziciji daješ prednost nad plebejsko-mincerskom?

Nadalje, u karakterima ne nalazim ono karakteristično. Izuzimam Karla V, Balthasara i Richarda od Triera. A je li ikad postojalo vrijeme surovije karakterističnosti nego što je bilo 16. stoljeće? Čini mi se da je Hutten odviše puki reprezentant ,,oduševljenja", što je dosadno. Nije li on u isti mah bio i duhovit, đavolski šaljivdžija, i nije li mu, dakle, nanijeta velika nepravda?

Koliko li pati čak i Tvoj Sickingen, koji je povrh toga i odviše apstraktno ocrtan, od kolizije, neovisne od svih njegovih ličnih proračunatosti, Sickingen koji se ističe načinom na koji svojim vitezovima mora pripovijedati prijateljstvo prema gradovima itd., a zatim i zadovoljstvom, a kojim sam on gradovima kroji pravdu jačega.

Govoreći o pojedinostima moram Ti ponegdje zamjeriti zbog prenaglašenih refleksija individuuma o sebi samima — što je posljedica Tvoje simpatije prema Schilleru. Npr., str. 121. Kad Hutten pripovijeda Mariji povijest svoga života, zar u toj zgodi ne bi bilo nadasve prirodno da Marija kaže: ,,Čitava ljestvica osjećanja" itd. do

,,I bila je teža nego što su mi teške bile godine"

Stihovi koji tome prethode, od ,,Kažu" — do ,,ostarjela", mogli bi doći *kasnije*, a refleksija ,,U jednoj noći djevica u ženu dozrijeva" (premda ona pokazuje da Marija poznaje više od puke apstraktne ljubavi) bila je posve suvišna; a najmanje se Marija smjela pojaviti s refleksijom o svojem vlastitom „starenju". Kad je već rekla što je sve ispripovjedila u „jednom" satu, mogla je svoje osjećanje općenito izreći u sentenciji o svom starenju. Zatim me u kasnijim redovima neugodno doima: „Smatrala sam to *pravom" (*to jest sreću). Čemu osporavati naivno shvaćanje, za koje Marija tvrdi da ga je do toga časa imala o svijetu, time što se ono pretvara u pravnu doktrinu? Možda ću Ti kojom drugom prilikom detaljnije objasniti svoje mišljenje.

Osobito uspjelom smatram scenu između Sickingena i K(arla) V, premda se dijalog odviše pretvara u pledoaje na objema stranama; zatim scene u Trijeru. Vrlo su lijepe Huttenove sentencije o maču.

Ali za ovaj put dosta.

(XXXVI, 540—542)

FRIEDRICH ENGELS: *PISMA*

Dragi Lassalle,

Vjerojatno Vam se učinilo čudnim što Vam tako dugo nisam pisao, pogotovu stoga što sam Vam dugovao svoj sud o Vašem *Sickingenu*. Ali je baš to ona tačka koja me tako dugo odvraćala od pisanja. U ovoj suši lijepe literature, koja sada posvuda vlada, događa mi se rijetko kad da čitam djelo takve vrste, a već mi se godinama nije desilo da takvo djelo čitam *tako* da bi rezultat lektire bio iscrpan sud, čvrsto određeno mišljenje. Književno smeće nije vrijedno takva truda. Ovakav interes nije moglo pobuditi ni ono nekoliko boljih engleskih romana, što ih pokatkad čitam, npr., Thackeray, usprkos njihovom neospornom literarnom i kulturnohistorijskom značenju. Moj sud je, međutim, zbog tako duga plandovanja dobrano otupio, i bit će potrebno podulje vrijeme, dok sebi ne budem mogao priuštiti da izreknem neki sud. Vaš *Sickingen* zavređuje, međutim, drukčiji postupak nego ono trabunjanje, pa sam za to utrošio više vremena. Prvo i drugo čitanje Vaše prema građi i obradi, u svakom pogledu njemačko-nacionalne drame tako me je duševno uzbudilo da sam je na neko vrijeme morao staviti u stranu, tim više što me je u ovim mršavim vremenima tako oslabljeni ukus — to na svoju sramotu moram reći — sveo na to da u meni katkad ni stvari neznatnije vrijednosti prilikom *prve* lektire ne promaše neki svoj učinak. Da budem posve nepristran, posve „kritičan", stavio sam, dakle, *S(ickingen)*-a naugar, tj. dopustio sam da ga nekolicina mojih znanaca od mene pozajmi (ovdje ima

149

još nekoliko literarno više ili manje obrazovanih Nijemaca). Habent sua fata libelli [knjige imaju svoju sudbinu] — čovjek ih, kad budu pozajmljene, rijetko kad opet ugleda, pa sam tako svoga „Sickingena" morao još jednom i silom osvajati. Mogu Vam reći da je dojam prilikom trećeg i četvrtog čitanja u meni ostao isti, pa Vam, svjestan da Vaš *S(ickingen)* može podnijeti kritiku, dodajem za nj svoj „prismok".

Znam da Vam ne pravi velik kompliment ako spomenem činjenicu da nijedan sadašnji priznati pjesnik Njemačke ne bi bio ni približno kadar napisati takvu dramu. Ali to je, kako rekoh, činjenica, i to za našu literaturu odviše karakteristična činjenica da ne bi bila izrečena. Da bismo najprije načeli formalnu stranu, mene je vrlo ugodno iznenadilo spretno zaplitanje i ono naskroz dramatično u tom komadu. Vi ste, doduše, u versifikaciji sebi priuštili gdjekoju slobodu koje, međutim, smetaju prilikom čitanja više nego na pozornici. Bilo bi mi draže da sam čitao obradu za pozornicu; komad, ovakav kakav je sada, nije zacijelo prikladan za izvedbu; ovdje je bio mladi njemački pjesnik (Karl Siebel), moj zemljak i daljnji rođak, koji je imao prilično dobre veze s pozornicom; možda će kao pruski gardijski rezervist doći u Berlin, u kojem ću slučaju možda biti tako slobodan da Vam po njemu pošaljem nekoliko redaka. On veoma cijeni Vašu dramu, ali smatra da ona nipošto nije prikladna za izvedbu zbog dugih govora kojima je zaokupljen samo jedan glumac dok drugi mogu 2—3 puta iscrpsti svu svoju mimiku da ne bi ondje stajali kao statisti. Dva posljednja čina dovoljno dokazuju da biste dijalog lako mogli učiniti bržim i življim, a meni se čini da bi se to isto, izuzevši nekoliko scena (što se događa u svakoj drami), moglo učiniti i u prva tri čina, pa ne sumnjam da ćete tu okolnost uzeti u obzir prilikom obrade za pozornicu. *Misaoni će sadržaj,* dakako, zbog toga stradati, ali je to neizbježno, a potpuno stapanje veće misaone dubine, poznatog historijskog sadržaja, što

150

ih Vi pripisujete njemačkoj drami, sa šekspirskom živošću i bogatstvom radnje, bit će postignuto zacijelo tek u budućnosti, što Nijemci možda uopće i neće postići. Barem ja vidim u tome budućnost drame. Vaš je *Sickingen* svakako na dobrom putu; glavne osobe radnje *su* predstavnici određenih klasa i smjerova, a time i određenih misli svoga doba, a svoje motive nalaze ne u sitničavim individualnim prohtjevima, nego baš u historijskom strujanju kojim su poneseni. Ali napredak, koji bi još trebalo postići, jest u tome da ti motivi jače iskaču u prvi plan živo, aktivno, tako reći iskonski u samom toku radnje, a degata koja ih argumentira (u kojoj, uostalom, sa zadovoljstvom ponovo pronalazim Vaš stari govornički talenat) pred porotom i pred narodnom skupštinom bit će naprotiv, sve suvišnija. Čini se da i Vi sami priznajete taj ideal kao cilj time što razlikujete pozorišnu dramu od literarne; mislim da bi se *Sickingen* mogao, doduše teško (jer usavršenje zaista nije nešto neznatno), pretvoriti u dramu za pozornicu u označenom smislu. S tim je povezana karakteristika osoba u radnji. Vi se s punim pravom opirete sada prevladalom *lošem* individualiziranju koje se svodi na puste sitne smicalice kao bitno obilježje epigonske literature koja se gubi u pijesku. Meni se, međutim, čini da neka osoba nije karakterizirana samo time *što* ona čini, nego i onim *kako* to čini; u tom smislu, mislim, ne bi misaonom sadržaju drame ništa naudilo ako bi pojedini karakteri bili jedni od drugih odijeljeni oštrije i oprečnije. Karakteristika *starih* nije dan--danas više dovoljna, i tu ste, mislim, bez ikakve štete mogli malko više uzeti u obzir značenje Shakespearea za povijesni razvoj drame. Ali to su sporednosti koje navodim samo zato da vidite kako sam se pozabavio i formalnom stranom Vaše drame.

Što se, pak, povijesnog sadržaja tiče, Vi ste dvije strane tadašnjeg gibanja, koje su Vam bile najbliže, prikazali vrlo zorno i s opravdanim obzirom na daljnji razvoj: na nacionalno gibanje plemstva,

koje je predstavljao Sickingen, i na humanističko-
-teoretsko gibanje s njegovim daljnjim razvojem na
teološkom i crkvenom području, na reformaciju. Ov-
dje mi se najviše sviđaju scene između Sickingena
i cara, između legata i nadbiskupa trijerskog (tu
Vam je ujedno pošlo za rukom da u suprotnosti
između svjetskog, estetski i klasički obrazovanog, po-
litički i teorijski dalekovidnog legata i ograničenog
njemačkog crkvenog kneza dadete lijepu individu-
alnu karakteristiku, koja ipak izravno proizlazi iz
reprezentativnog karaktera obaju aktera); vrlo je
frapantna i scena između Sickingena i Karla. U Hut-
tenovoj autobiografiji, čiji *sadržaj* s pravom naziva-
te bitnim, odabrali ste, u svakom slučaju, očajničko
sredstvo da taj sadržaj uklopite u dramu. Vrlo je
važan i razgovor između Balthasara i Franza u 5.
činu, u kojem prvi spočitava svome gospodaru za-
ista revolucionarnu politiku koje bi se on morao
držati. U tome dolazi do izražaja ono što je zaista
tragično; meni se, baš zbog toga značenja, čini da
je to trebalo nešto snažnije istaći već u 3. činu koji
za to pruža više prilika. Međutim, ja opet zapadam
u sporedne stvari. — Položaj gradova i vladara
onog doba više je puta jasno prikazan, pa su, tako
reći, *oficijelni* elementi tadašnjeg gibanja prilično do-
bro iskorišteni. Čini mi se, međutim, da niste do-
voljno naglasili neoficijelne, plebejske i seljačke ele-
mente s njihovom teoretskom reprezentacijom koja
djeluje paralelno s onom prvom. Seljačko gibanje
je na svoj način bilo jednako nacionalno, jednako
upereno protiv vladara kao i gibanje plemstva, a
gorostasne dimenzije borbe u kojoj je ono podleglo,
odudaraju vrlo znatno od lakoće, kojom se plemstvo,
ostavljajući Sickingena na cjedilu, predavalo svom
historijskom ulagivačkom pozivu. Stoga mi se čini
da je seljačko gibanje, i prema Vašem shvaćanju
drame, koje je meni, kao što ćete vidjeti, ponešto
odviše apstraktno i nedovoljno realističko, zavrije-
dilo da se njime pomnije pozabavite; seljačka je

scena s Jossom Fritzom, doduše, karakteristična i individualnost toga „smutljivca" vrlo dobro prikazana, ali ona, uspoređena s gibanjem plemstva, ne reprezentira dovoljno snažno tada već visoko nabujalu seljačku agitaciju. Prema mome shvaćanju drame, koje se zalaže za to da se zbog idejnog ne zaboravi na realistično, zbog Schillera na Shakespearea, dalo bi uvlačenje tadašnje tako čudesno bogate plebejske društvene sfere još jednu drukčiju građu za oživljavanje drame, jednu nenaplativu pozadinu za nacionalno gibanje plemstva koje se odvija na pozornici u prvom planu, pozadinu koja ga tek stavlja u pravo svjetlo. Kakve li čudesno značajne karakterne slike daje to vrijeme raspadanja feudalnih društava u skitničkim prosjačkim kraljevima, glavnim landsknehtima i pustolovima sviju vrsta — falstafovska pozadina koja bi u drami, historijskoj u *tom* smislu, morala biti efektnija nego u Shakespearea! Ali i bez obzira na to, meni se čini da je baš ovo zapostavljanje seljačkog gibanja ona tačka koja Vas je zavela da i nacionalno gibanje plemstva, kako mi se čini, netačno prikažete i da tako previdite *zaista* tragični element u Sickingenovoj sudbini. Masa tadašnjeg neposrednog državnog plemstva nije, po mom mišljenju, pomišljala na to da sklopi savez sa seljacima; to nije dopuštala njegova ovisnost od prihoda što ih je dobivalo od tlačenja seljaka. Savez s gradovima bi se postigao lakše; ali taj se nije ostvario, ili se ostvarivao samo vrlo djelomično. Provođenje nacionalne revolucije plemstva bilo je, međutim, moguće samo pomoću saveza gradova i seljaka, naročito ovih posljednjih; i u tome, po mom mišljenju, baš i leži tragični moment da je taj osnovni uvjet, seljački savez, bio nemoguć, da je stoga politika plemstva morala nužno biti sitničava, da je u istom trenutku kad je ono htjelo stupiti na čelo nacionalnog gibanja, *masa* nacije, seljaštvo, protestirala protiv njegova vođstva, pa je stoga i morala nužno pasti. Ja ne mogu ocijeniti koliko je Vaša pretpostavka da je Sickingen zaista bio u nekoj vezi sa seljacima historijski osnovana, ali to uopće nije važno. Uostalom, Huttenovi spisi, ondje gdje se oni obraćaju seljacima, prelaze olako preko škakljive tačke u pogledu plemstva i pokušavaju da bijes seljaka koncentriraju naročito protiv popova. Ali ja Vam nipošto ne želim osporiti pravo da Sickingena i Huttena shvaćate tako kao da su oni namjeravali osloboditi seljake. No time ste u isti mah naišli na dilemu da su se obojica našla između plemstva, koje to *nije* htjelo, s jedne, i seljaka, s druge strane. Tu je, po mom mišljenju, bila tragična kolizija između historijski nužnog postulata i praktički nemoguće provedbe. Time što ste taj moment zanemarili, sveli ste tragični konflikt na neznatnije dimenzije, to jest da se Sickingen, umjesto da se odmah poveže s carem i državom, povezao samo s jednim knezom (iako i tu s pravim taktom uvodite seljake), i dopustili da on jednostavno propadne zbog ravnodušnosti i kukavičluka plemstva. To bi, međutim, bilo posve drukčije motivirano da je već prije toga bio bolje istaknut gnjevni seljački pokret i raspoloženje plemstva koje je postalo bezuvjetno konzervativnije zbog prijašnjih saveza „Bundschuh" i „Siroti Konrad". Uostalom, sve je to samo jedna strana u smjeru kojem je u dramu mogao biti uvučen seljački i plebejski pokret; može se zamisliti barem još deset načina koji su jednako dobri ili još bolji.

Kao što vidite, ja za Vaše djelo primjenjujem vrlo strogo mjerilo, naime ono najstrože, kako u estetskom, tako i u historijskom pogledu, a najboljim dokazom moga priznanja bit će Vam to što ja to moram činiti da bih ovdje ili ondje mogao staviti kakvu primjedbu. *Među nama* postoji već godinama kritika, koja je, u interesu same partije, nužno otvorena koliko je to najviše moguće; inače se ja i svi mi uvijek radujemo kad se nađe kakav novi dokaz da naša partija, nastupala ona bilo na kojem području,

nastupa uvijek superiorno. A to ste ovaj put učinili
i Vi.

(XXXVI, 548—552)

Draga gospođo Kautsky,

. . . . . .

Pročitao sam *Die Alten und die Neuen*, na čemu
Vam srdačna hvala. Prikazi iz života radnika u so-
lani također su majstorski kao i oni iz života seljaka
u *Stefanu*. I opisi života bečkog društva najvećma su
vrlo lijepi. Beč je, eto, jedini njemački grad koji ima
društvo, Berlin ima samo "izvjesne krugove", i još
više neizvjesne, zbog čega tamo imaju podloge samo
romani o literatima, činovnicima i glumcima. Vi
ćete bolje od mene prosuditi ne teče li motiviranje
radnje na tim mjestima Vašeg djela ponegdje suviše
naglo; možda nekome od nas štošta izgleda tako, a ta-
mo se, s obzirom na osobiti internacionalni karakter
Beča, protkan južnjačkim i istočnoevropskim elemen-
tima, to zbiva posve prirodno. U oba područja nala-
zim i uobičajenu oštru individualizaciju karaktera;
svatko je tip, ali u isto vrijeme i određeni pojedinac,
"taj", kako se izražava stari Hegel, a tako i treba.
No sad moram, za volju nepristranosti, naći nešto
i za kritiku, a tu se osvrćem na Arnolda. On je, u
stvari, ipak pretjerano dobar i, ako napokon pri ru-
šenju brijega gine, onda se to može spojiti jedino
s poetskom pravednošću, kazavši, recimo: bio je pre-
dobar za ovaj svijet. No uvijek je loše da pjesnik na-
ginje svom vlastitom junaku, a čini mi se da ste tu
pomalo podlegli toj grešci. U Elze ima još izvjesne
individualizacije, premda već i idealizacije, no u Ar-
nolda ličnost još više prerasta u princip. No iz samog
se romana naslućuje odakle ti nedostaci. Očigledno
ste osjećali potrebu da se u toj knjizi otvoreno opre-
dijelite, da pred cijelim svijetom posvjedočite svoje
uvjerenje. To se sada i dogodilo, to je prošlo i ne

treba da se ponovi u tom obliku. Ja nipošto nisam protivnik tendenciozne poezije kao takve. Otac tragedije, Eshil, i otac komedije, Aristofan, bili su jako tendenciozni pjesnici, ništa manje Dante i Cervantes, a u Schillerovoj *Spletki i ljubavi* najbolje je to što je ona prva njemačka politički tendenciozna drama. Suvremeni Rusi i Norvežani, koji daju odlične romane, svi su tendenciozni pjesnici. Ali ja mislim da tendencija mora proizlaziti iz same situacije radnje, i da pjesnik ne mora čitaocu pružati historijska buduća rješenja društvenih sukoba koje opisuje. K tome se još roman u našim prilikama obraća pretežno građanskim krugovima, dakle, ne onim što pripadaju direktno nama, i tu, po mome mišljenju, roman sa socijalističkom tendencijom posve ispunjava svoj poziv ako vjernim opisom stvarnih prilika kida konvencionalne iluzije o njima, potresa optimizam građanskog svijeta, dovodi do neizbježne sumnje u vječno važenje postojećeg, pa i ako sâm neposredno i ne pruža rješenja, čak ako se u izvjesnim okolnostima sâm i ne opredjeljuje otvoreno. Vašem tačnom poznavanju i divnom životnom prikazivanju kako austrijskog seljaštva, tako i bečkog „društva" pruža se tu mnoštvo građe, a u *Stefanu* ste dokazali da svoje junake umijete tretirati i s finom ironijom koja dokumentira glas pjesnika nad svojom tvorevinom.

(XLIII, 356—357)

Poštovana gospođice H(arkness),

Veoma Vam zahvaljujem što ste mi preko gg. Vizetelly poslali Vašu *City girl*. Pročitao sam je sa najvećim uživanjem i u jednom dahu. Ona je zaista, kako je naziva Vaš prevodilac, moj prijatelj Eichhoff, ein kleines Kunstwerk [*malo remek-delo*]; čemu dodaje, a to će Vam pričiniti zadovoljstvo — da je zbog toga njegov prevod morao biti gotovo doslovan, pošto bi svako izostavljanje ili pokušaj izmene samo moglo uništiti vrednost originala.

U Vašem romanu kod mene izaziva najdublji utisak ne samo životna istina već i činjenica što se u njemu ispoljava hrabrost pravog umetnika. Ali ne samo zbog načina kako prikazujete Vojsku spasa, protivno shvatanju nadmenih filistara koji će možda iz Vašeg romana prvi put saznati *zašto* Vojska spasa ima takav uticaj na narodne mase, već uglavnom zbog jednostavnog, neulepšanog načina izlaganja prastare istorije proleterske devojke, koju zavodi čovek iz buržoaske klase, što čini srž čitave knjige. Mediokriteti bi se osećali obaveznim da prikriju taj, po njihovom mišljenju, oveštali karakter priče hrpama izveštačenih složenosti i ukrasa, a ipak se ne bi oslobodili sudbine da budu obelodanjeni. Vi ste osetili da možete sebi dozvoliti da ispričate jednu staru priču, jer ste umeli da je učinite novom prosto pričajući je istinito.

Vaš g. Arthur Grant je remek-delo.

Ako imam išta da kritikujem, onda bih rekao da možda roman ipak nije dovoljno realističan. Realizam, po mom shvatanju, podrazumeva, pored istinitosti detalja, istinitost u reprodukovanju tipičnih karaktera u tipičnim okolnostima. Vaši karakteri su dosta tipični po svojim postupcima: no, okolnosti koje ih okružuju i navode da delaju možda nisu podjednako tipični. U *City girl* radnička klasa se pojavljuje kao pasivna masa, nesposobna da sebi pomogne, pa čak i ne pokušava da se potrudi da sebi pomogne. Svi pokušaji da se ona iščupa iz svog otupelog jada dolaze spolja, odozgo. I ako je ovo bio tačan opis oko 1800. ili 1810. godine, u danima Saint-Simona i Roberta Owena, ona ne može tako izgledati 1877. čoveku koji je gotovo pedeset godina imao čast da sudeluje u većini bitaka borbenog proletarijata. Buntovno reagovanje radničke klase protiv ugnjetačke sredine koja je okružuje, njeni pokušaji — grčeviti, polusvesni ili svesni — da uspostavi svoj status ljudskih bića, pripadaju istoriji i zbog toga moraju polagati pravo na mesto u oblasti realizma.

157

Daleko sam od toga da Vam zameram što niste napisali čisto socijalistički roman, ,,tendenciozan roman", kako ga mi Nemci nazivamo, da bi se njime veličala socijalna i politička gledišta autora. To uopšte nisam imao u vidu. Što su mišljenja autora skrivenija, utoliko bolje za umetničko delo. Realizam o kome govorim može izaći na videlo čak i uprkos autorovim nazorima. Dozvolite mi da navedem jedan primer. Balzac, koga smatram daleko većim majstorom realizma od svih Zola passés, presents et à venir [prošlih, sadašnjih i budućih], u *La Comédie humaine* daje nam najsjajniju realističku istoriju francuskog ,,društva", opisujući u obliku kronike, gotovo iz godine u godinu, od 1816. do 1848, sve jače prodiranje buržoazije u usponu u plemićko društvo, koje se uspostavilo posle 1815. godine i ponovo, ukoliko mu je to bilo moguće, zavelo obrazac *vieille politesse française* [stare francuske otmenosti]. On opisuje kako su poslednji ostaci tog, po njegovom mišljenju, uzornog društva postepeno podlegli pred nametljivošću prostačkih skorojevića parajlija, ili kako su ih ovi skorojevići iskvarili; kako je grande dame [visoka dama], čija je bračna nevernost predstavljala za nju samo način da sebe potvrdi, u potpunom skladu sa svojim položajem u braku, uzmakla pred ženom iz buržoazije, koja je nabijala mužu rogove radi novca i haljina; i oko ove središnje slike Balzac razgranava čitavu istoriju francuskog društva, iz koje sam čak i u pogledu ekonomskih pojedinosti (na primer, o preuređenju nepokretne i pokretne imovine posle revolucije) naučio više nego od svih istoričara, ekonomista i statističara po struci iz toga doba, zajedno. Doduše, Balzac je po političkim ubeđenjima bio legitimist; njegovo veliko delo je neprekidna elegija zbog neumitnog raspadanja višeg društva; sve njegove simpatije su na strani klase osuđene na izumiranje. Ali, pri svem tom, njegova satira nije nikad oštrija, njegova ironija nikada gorča, nego kad stavlja u pokret upravo one ljude i žene sa kojima najdublje saoseća — plemiće. A jedini ljudi o kojima uvek govori sa neskrivenim simpatijama jesu njegovi najogorčeniji politički protivnici, republikanski heroji manastira Cloître Saint-Méry, ljudi koji su u to vreme (1830—1836) zaista bili predstavnici narodnih masa. Što se Balzac tako osećao prinuđenim da ide protiv sopstvenih klasnih simpatija i političkih predrasuda, što je *sagledao* neminovnost pada svojih omiljenih plemića i prikazao ih kao ljude koji ne zaslužuju bolju sudbinu; i što je *video* stvarne ljude budućnosti tamo gde su se tada oni jedino mogli naći — to smatram jednom od najvećih pobeda realizma i jednom od najznačajnijih odlika starog Balzaca.

U Vašu odbranu moram priznati da nigde u civilizovanom svetu radnici ne pružaju sliku manje aktivnog otpora, pasivnijeg pokoravanja sudbini, veće otupelosti, nego u londonskom East-Endu. A otkuda znam da niste imali puno osnovnih razloga da se ovoga puta zadovoljite pasivnom stranom života radničke klase, ostavljajući aktivnu stranu za drugo delo?

(XLIV, 34—36)

FRIEDRICH ENGELS: *NJEMAČKI SOCIJALIZAM U STIHU I PROZI*

Da pratimo sada g. Grüna u priznanju koje on daje „pjesniku ljudskog", „ljudskom sadržaju u Goetheu". Ono će nam najbolje otkriti ko je taj „čovjek" o kojemu g. Grün govori. Naći ćemo da g. Grün ovdje otkriva najskrivenije misli istinskog socijalizma, kao što on uopšte, zahvaljujući svojem prohtjevu da svoje drugare nadviče, biva naveden na to da u svijet rastrubi stvari koje bi ostalo društvo radije prećutalo. Da Goethea pretvori u „pjesnika ljudskog", njemu je, uostalom, bilo tim lakše što i sam Goethe riječi „čovjek" i „ljudski" obično upotrebljava u izvjesnom emfatičnom smislu. Goethe ih je, istina, upotrebljavao samo u onom smislu u kom ih je upotrebljavalo njegovo vrijeme, a kasnije i Hegel, kao što se i predikat „ljudski" pridavao Grcima nasuprot paganskim i hrišćanskim barbarima mnogo prije nego što su oni izrazi preko Feuerbacha dobili svoj misteriozno-filozofski sadržaj. U Goethea, naročito, oni većinom imaju jako nefilozofsko, čulno značenje. Tek g. Grünu pripada zasluga što je Goethea napravio Feuerbachovim učenikom i istinskim socijalistom.

O samom Goetheu mi ovdje, naravno, ne možemo iscrpno govoriti. Upozoravamo samo na jednu stvar. — Goethe se prema njemačkom društvu svojeg vremena odnosi dvojako. Čas se prema njemu odnosi neprijateljski; njemu odvratno njemačko društvo on nastoji da izbjegne, kao u *Ifigeniji*, i uopšte za vrijeme putovanja po Italiji; on se protiv njega buni kao Götz, Prometej i Faust; on ga, kao Mefistofel, obasipa najljućom porugom. Čas se, opet, odnosi prema njemu prijateljski, „miri" se s njim, kao u većem dijelu svojih *Zahme Xenien* i u mnogim spisima; slavi ga, kao u svojim *Maskenzüge,* čak ga brani od nadiru-ćeg istorijskog pokreta, kao, naročito, u svim spisima gdje dođe na to da govori o francuskoj revoluciji. Nisu to samo pojedine strane njemačkog života koje Goethe priznaje nasuprot drugima koje su mu odvratne. Češće su to različita raspoložena u kojima se on nalazi; postoji u njemu neprestana borba između genijalnog pjesnika kojemu se gadi mizerija njegove okoline i opreznog djeteta frankfurtskog savjetnika, odnosno vajmarskog tajnog savjetnika, koji se osjeća prinuđenim da s njom sklopi primirje i da se na nju navikne. Tako je Goethe čas kolosalan, čas sićušan, sad prkosni, podrugljivi genije koji prezire svijet, sad, opet, pažljiv, malim zadovoljan, ograničen filistar. Ni Goethe nije bio u stanju da njemačku mizeriju pobijedi; naprotiv, ona pobjeđuje njega, i ova pobjeda mizerije nad najvećim Nijemcem najbolji je dokaz za to da se ona nikako ne može savladati „iznutra". Goethe je bio suviše univerzalna, suviše aktivna priroda, suviše čulan da bi spas od mizerije potražio u šilerovskom bjekstvu u kantovski ideal. On je bi suviše pronicljiv da ne bi vidio da se ovo bjekstvo konačno svodi na zamjenu najobičnije mizerije zanesenom mizerijom. Njegov temperament, njegove snage, sva njegova duhovna usmjerenost upućivali su ga na praktični život, a praktični život koji je on sretao bio je mizeran. U dilemi da egzistira u životnoj sferi koju je morao da prezire, pa ipak da za tu sferu, kao jedinu u kojoj je mogao da djeluje, bude privezan, u toj dilemi se Goethe stalno nalazio, i što je bivao stariji, tim više se silni pjesnik, de guerre lasse [umoran od kavgi], povlačio iza beznačajnog vajmarskog ministra. Mi Goetheu ne zamjeramo, à la Börne i Menzel, što nije bio liberalan, nego što je s vremena na vrijeme mogao biti i filistar, mi mu ne zamjeramo što nije bio sposoban ni za kakav entuzijazam za njemačku slobodu, nego što je filistarskom strahu od svega tadašnjeg velikog istorijskog kretanja žrtvovao svoje povremeno uskiptjelo, pouzdano estetsko osjećanje; ne zato što je bio dvorski čovjek, nego zato što je u vrijeme kada je Napoléon čistio veliku njemačku Augijevu staju mogao sa svečanom ozbiljnošću da se bavi najsitnijim stvarima i menus plaisirs [malim zabavama] jednog od najsitnijih njemačkih dvoraca; mi mu uopšte ne predbacujemo ni s moralnog ni s partijskog, nego ponajviše s estetskog i istorijskog stanovišta; mi ne mjerimo Goethea ni moralnim, ni političkim, ni „ljudskim" mjerilom. Mi se ovdje ne možemo upuštati u to da prikazujemo Goethea u vezi sa cijelim njegovim vremenom, s njegovim literarnim obrascima i savremenicima, na njegovom razvojnom putu i u njegovom životnom stavu. Stoga se mi ograničavamo samo na to da jednostavno konstatujemo činjenicu.

Vidjećemo po kojoj su od ovih stranica Goetheova djela „istinski kodeks čovještva", „savršeno čovještvo", „ideal ljudskog društva".

Uzmimo, najprije, Goetheovu kritiku postojećeg društva, da zatim pređemo na pozitivno prikazivanje „ideala ljudskog društva". Pri sadržajnoj obilnosti Grünove knjige, samo se po sebi razumije da ćemo i od jednog i od drugog istaknuti samo nekoliko karakterističnih najsjajnijih mjesta.

Goethe, zaista, kao kritičar društva, čini čudesa. On „proklinje civilizaciju" (str. 34—36) upućujući joj nekoliko romantičnih prijekora što briše sve ono što je u čovjeka karakteristično, individualno. On „predskazuje svijet buržoazije" (str. 78) time što u Prometeju tout bonnement [vrlo jednostavno] prikazuje postanak privatne svojine. On je (na str. 229) „svjetski sudija...", Minos civilizacije". Ali sve su to samo bagatele.

Na str. 253. g. Grun citira *Na času katihizisa:*

„Otkuda tebi, dijete, sve to što svojim zoveš?
Samo od sebe ništa nije tu. —
Sve što je moje, to mi je od tate.
A otkud njemu, mogu li da znam?
Od djeda! A ko je njemu dao?
On je *uzeo sam.*"

Hura! grmi g. Grün iz svega glasa, la propriété c'est le vol [svojina je krađa] — pravi Proudhon!

Leverrier sa svojim planetama neka ide kući i ustupi svoj orden g. Grünu — ovdje je nešto više od Leverrier-a, ovdje je čak nešto više od Jacksona i opijanja sumpornim eterom. Onome ko je za tolike mirne buržuje svakako uznemiravajuću Proudhonovu rečenicu o krađi sveo na bezopasne dimenzije gornjeg Goetheovog epigrama pripada samo grand cordon [velika traka] Legije časti.

„*Bürgergeneral* [građanin general] pravi već više teškoća. Gospodin Grün ga neko vrijeme posmatra sa svih strana, pravi, mimo običaja, nekoliko sumnjivih grimasa i zamisli se: ‚svakako... prilično plitko... revolucija nije time osuđena' (str. 150)... Stoj! Tu smo! Šta je predmet o kojemu je riječ? *Lonac mlijeka*, i tako: ‚Ne zaboravimo... da se ovdje opet... *pitanje svojine* postavlja u prvi plan' " (str. 151).

Ako se na ulici g. Grüna budu svađale dvije žene oko jedne usoljene glave haringe, onda neka g. Grün ne štedi truda da iz svoje ružama i rezedama namirisane sobe siđe dolje i obavijesti ih da je i u njih „pitanje svojine ono što se postavlja u prvi plan". Zahvalnost svih dobronamjernih ljudi biće mu najljepša nagrada.

Jedan od najvećih kritičkih podviga izvršio je Goethe kada je napisao *Werthera. Werther* nije nipošto, kako su dosašnji čitaoci Goethea s „ljudskog stanovišta" mislili, samo sentimentalni roman.

„U *Wertheru* je ljudski sadržaj našao tako adekvatnu formu da se ni u jednoj literaturi svijeta ne može naći nešto

što bi ma i izdaleka zaslužio da stane pored njega" (str. 96).
„Ljubav Wertherova prema Lotti je samo poluga, samo jedan
sprovodnik tragedije radikalnog osjećanja panteizma. Werther je čovjek kojemu nedostaje kičmena kost, koji još nije
postao subjekt" (str. 93). Werther se ne ubija iz zaljubljenosti, nego „zato što, kao nesrećna panteistička svijest, nije
mogao da bude sa svijetom načisto" (str. 94). „Werther prikazuje pokvarenost društva, s umjetničkom majstorijom,
on socijalna zla shvaća u njihovom najdubljem korijenu, u
religiozno-filozofskom fundamentu", a ovaj „fundament" je,
kako je poznato, mnogo mlađi od tih „zala", „u nejasnom,
nebuloznom saznanju... Čisti prozračni pojmovi o pravom
čovještvu" (i, prije svega, kičmena kost, gospodine Grüne,
kičmena kost!) „to bi bila smrt one bijede, onih crvotočnih,
trulih stanja koja se nazivaju građanskim životom" (str. 95).

Evo primjera kako „Werther s umjetničkom
majstorijom prikazuje pokvarenost društva"; on piše:

„Pustolovina? čemu mi ta luda riječ?... naši građanski,
naši lažni odnosi, to su pustolovine, to su čudovišta!"

Ovaj tužni krik sanjarskog plačljivka zbog raskoraka između građanske stvarnosti i njegovih ništa
manje građanskih iluzija o ovoj stvarnosti, ovaj be
životni, na nedostatku najordinarnijeg iskustva zasnovani duboki uzdah izdaje g. Grün (na str. 84) za najoštriju kritiku društva. Štaviše, g. Grün tvrdi da je
u ovim riječima izražena „očajnička životna patnja,
ta bolesna težnja da se stvari postave na glavu da bi
barem jednom dobile drugi izgled" (!) — najzad „izdubla sebi korito francuske revolucije". Revolucija,
ranije definirana kao ostvarenje makijavelizma, ovdje
se pretvara u čisto ostvarenje patnji mladog Werthera.
Gigljotina s Trga revolucije samo je blijedi plagijat
Wertherova pištolja.

Po ovome se samo po sebi razumije da Goethe i
u Stelli, prema str. 108, obrađuje „jedan socijalni
predmet", iako se ovdje prikazuju samo „vrlo bijedna
stanja" (str. 107). Istinski socijalizam je mnogo ku

lantniji od našeg Gospoda Isusa. Gdje su dvojica ili trojica zajedno, nije čak ni potrebno da se oni tu nađu u njegovo ime i on je već među njima i ima „socijalni materijal". On je, kao i njegov učenik gospodin Grün, uopšte frapantno sličan „onom dosadnom njuškalu koje se za sve brine, a da ipak ništa ne dokuči" (str. 47).

Naši čitaoci, se, možda, sjećaju pisma koje Wilhelm Meister u posljednjoj svesci svojih *Godina učenja* piše svome zetu, i u kojem se, poslije nekoliko prilično trivijalnih glosa o prednosti koju čovjek ima ako odraste u povoljnim imovinskim uslovima, priznaje superiornost plemstva nad malograđanima i sankcionira podređeni položaj ovih posljednjih, kao i svih ostalih, kao privremeno nepromjenljiv. Samo pojedincu ima da bude omogućeno da se pod izvjesnim okolnostima postavi na isti nivo s plemstvom. Gospodin Grün na to primjećuje:

„Ono što Goethe kaže o prednostima viših klasa društva puna je istina ako višu klasu identifikujemo s obrazovanom klasom, a to je u Goethea slučaj" (str. 264).

To nam je zasad dovoljno.

Pređimo na mnogo pretresanu glavnu tačku, na Goetheov odnos prema politici i prema francuskoj revoluciji. Ovdje se iz knjige g. Grüna može da nauči šta znači ne prezati ni od čega; ovdje se osvjedočava vjernost gospodina Grüna.

Da bi Goetheov odnos prema revoluciji izgledao opravdan, Goethe mora da stoji iznad revolucije, mora da ju je on već i prije nego što je ona postojala prevazišao. Zato mi već na str. XXI saznajemo da je

„Goethe ispred praktičnog razvitka svojeg vremena bio tako daleko odmakao da je bio uvjeren da se on prema njemu može odnositi samo negativno, samo odbojno."

I na str. 84, povodom *Werthera*, koji, kako smo vidjeli, već in nuce [u klici] sadrži čitavu revoluciju: „Istorija stoji na godini 1789, Goethe stoji na godini

165

1889." Slično mora Goethe (str. 28, 29) „čitavu gala-
mu o slobodi da okonča u nekoliko riječi" time što već
u sedamdesetim godinama štampa u časopisu „Frank-
furter gelehrte Anzeigen" jedan članak koji uopšte
ne govodi o slobodi koju traže „bukači", nego samo
o slobodi kao takvoj, o pojmu slobode iznosi neke
opšte i prilično banalne refleksije. Dalje: dok je
Goethe u svojoj doktorskoj disertaciji postavio tezu
da je svaki zakonodavac čak obavezan da uvede iz-
vjestan kult, tezu prema kojoj se sam Goethe ponaša
kao prema čisto misaonom paradoksu izazvanom sva-
kojakim palanačkim frankfurtskim popovskim kav-
gama (što i sam gospodin Grün citira) — „student
Goethe je sav dualizam revolucije i današnje fran-
cuske države odbacio kao iznošene cipele" (str. 26, 27).
Izgleda da je g. Grün naslijedio „iznošene cipele stu-
denta Goethea" i njihovim đonom pođonio čarobne
čizme svojeg „socijalnog pokreta".

Sada nam se, naravno, Goetheovi sudovi u vezi
s revolucijom javljaju u jednom novom svjetlu. Sad
je jasno da on koji je stajao visoko iznad nje, koji je
već prije petnaest godina s njom „obračunao", koji
ju je „odbacio kao iznošene cipele", koji ju je za cijelo
stoljeće pretekao, da on nije mogao imati nikakve
simpatije i da se nije mogao interesovati za jedan
narod „bukača za slobodu", s kojim je on već anno
sedamdeset treće bio načisto. Sada je g. Grünu lako.
Ma kakvu banalnu nasljednu mudrost Goethe stav-
ljao u kitnjaste distihe, ma kako on o njima filistarski
ograničeno rezonovao, ma kako se on malograđanski
ježio od velikog kretanja leđa koje ugrožava njegov
mirni pjesnički kutak, ma kako se on držao bijedno,
ma kako kukavički, ma kako lakejski, Goethe ne
može svoga strpljivog sholijasta izazvati na negodo-
vanje. Gospodin Grün ga diže na svoja neumorna
pleća i nosi ga kroz blato; on čak preuzima sve blato
na račun istinskog socijalizma, samo da bi Goetheove
čizme ostale čiste. Od *Kampanje u Francuskoj* do
Vanbračne kćeri g. Grün (str. 133—170) preuzima sve,

sve bez izuzetka, on pokazuje devouement [odanost]
koji bi jednog Buchez-a mogao dirnuti do suza. I
kada sve to ne pomaže, kada je blato suviše duboko,
onda se upreže viša socijalna egzegeza, onda g. Grün
parafrazira ovako:

> „Na Francuske tužnu sudbu nek obrate pažnju silni,
> Mnogo više neka o njoj razmišljaju oni mali.
> Silni listom propadoše; ko-od puka puk da štiti,
> Jer puku je tada tiran niko drugi već puk bio."

„Ko da štiti", viče g. Grün iz svega glasa, sa raz-
maknutim slovima, upitnikom i svim „rekvizitima
tragedije radikalnog osjećajnog panteizma" (str. 93),
„ko, naime, da štiti siromašnu svjetinu, takozvanu
rulju, od imućne svjetine, zakonodavne rulje?" (str.
137). „Ko, naime, da štiti" Goethea od gospodina
Grüna?

Na ovaj način g. Grün objašnjava čitav niz gra-
đanskih naravoučenija iz venecijanskih *Epigrama*,
koja „kao *Herkulovom* rukom dijele šamare, koji nam
tek sad izgledaju opravdani pošto za sobom imamo
jedno veliko i *gorko iskustvo*" (svakako, za filistra
vrlo gorko) — (str. 136).

Iz *Opsade Majnca* g. Grün „ne bi ni za što na
svijetu preskočio sljedeće mjesto: ‚Utorak ... požurio
sam da se *poklonim* ... svome *knezu*, pri čemu sam
imao sreću da princa itd. ... *svome uvijek milostivom
gospodaru* učinim *neku uslugu*' " itd.

Gospodin Grün nalazi da nije podesno citirati
mjesto gdje Goethe ličnom komorniku, ličnom rogo-
nji i ličnom podvodaču kralja Pruske (Friedricha
Wilhelma II), g. Rietzu, do nogu podastire svoju po-
daničku odanost.

Povodom *Građanina generala* i *Emigranta* sazna-
jemo:

> „Sva Goetheova antipatija prema revoluciji, kad god
> se ona na pjesnički način ispoljavala, vezana je za onaj
> vječiti bol i jad koje je osjetio vidjevši protjerane ljude sa

zasluženih i dobro uređenih posjeda koje su poželjeli intriganti, zavidljivci itd... onu istu nepravdu pljačke... Njegova domaćinski čuvarna, mirna priroda pobunila se protiv povrede prava posjeda, koja je, izvršavana samovoljno, čitave mase ljudi otjerala u bjekstvo i bijedu" (str. 151).

Zapišimo odmah ovo mjesto na račun „čovjeka" čija se „mirna, čuvarna priroda" „zasluženim i dobro uređenim", dakle, pravo rečeno, na pošteno stečenim „posjedima" osjeća tako udobno da on burne talase revolucije koji takva stanja sans façon [prosto-naprosto] splavljaju proglašava „samovoljom", djelom „intriganata, zavidljivaca" itd.

Što g. Grün „s najčistijom radošću uživa" (str. 165) u građanskoj idili *Herman i Doroteja*, u njenim snebivljivim i starmalim palančanima, u njenim kukavnim seljacima koji s praznovjernim strahom bježe od sankilotske armije i od strahota rata, to nas prema ovome nimalo ne čudi. Gospodin Grün se „štaviše spokojno zadovoljava tjesnogrudom misijom koja se na kraju dodjeljuje... njemačkom narodu:

> „Ne dolikuje Nijemcu da taj strašni pokret
> nastavi dalje, ni da se koleba."

Gospodin Grün dobro čini što proliva samilosne suze za žrtvama teških vremenskih prilika i što u patriotskom očajanju zbog takvih udaraca sudbine diže oči k nebu. I bez toga ima dosta pokvarenjaka i izroda koji u svojim grudima ne nose „ljudsko" srce, koji radije u republikanskom logoru pjevaju Marseljezu, štaviše u Dorotejinoj napuštenoj sobičici prave i lascivne dosjetke. Gospodin Grün je poštenjak koji silno negoduje zbog bezosjećajnosti, s kojom, na primjer, jedan Hegel s visine gleda na „mirne cvijetiće", zgažene u jurišnom hodu istorije i ruga se „litaniji privatnih vrlina skromnosti, poniznosti, čovjekoljublja i dobrotvornosti", koja se diže „protiv svjetskoistorijskih djela i njihovih izvršilaca". Gospodin Grün ima u tome pravo. Za to će on na nebu, svakako, biti nagrađen.

Da „ljudske" glose o revoluciji završimo sljedećim: „Pravi komičar mogao bi sebi dopustiti da i sam *Konvent smatra beskrajno smiješnim*", a dok se taj „pravi komičar" ne nađe, gospodin Grün daje za to potrebne instrukcije (str. 151, 152).

O Goetheovom odnosu prema politici poslije revolucije daje nam g. Grün isto tako iznenađujuća obavještenja. Evo samo jednog primjera. Mi već znamo kakvu duboku osjećajnu mržnju „čovjek" nosi prema liberalima u svom srcu. „Pjesnik ljudskog" ne može, naravno, da ode u grob, a da se s njima sasvim specijalno ne objasni, a da gospodi Welckeru, Itzsteinu i kompaniji ne prikači jednu naročitu spomenicu. Ovu spomenicu naše „samozadovoljno njuškalo" pronalazi u sljedećem *Krotkom epigramu* (na str. 319):

> „To je ipak samo staro đubre,
> Ta budite pametniji!
> Ne tapkajte stalno na istom mjestu,
> Nego ipak idite dalje!"

Goetheov sud: „Ništa nema odvratnije od većine, jer se ona sastoji od nekoliko jakih predvodnika, od prepredenjaka koji se akomodiraju, od slabića koji se asimiliraju i mase koja za njima kaska, ne znajući ni najmanje šta zapravo hoće" — ovaj pravi malograđanski sud čiji su neznanje i kratkovidost mogući samo na terenu jedne njemačke državice, važi za g. Grüna kao „kritika docnije" (tj. moderne) „zakonske države". Koliko je to važno, može da se sazna, „na primjer, u ma kojoj narodnoj skupštini" (str. 268). Prema tome se „trbuh francuske Skupštine samo iz neznanja tako odlično brine za se i za sebi ravne". Nekoliko stranica dalje (na str. 271) g. Grünu je „julska revolucija" „fatalna", i već na str. 34. on oštro kudi *Carinski savez*, jer taj „golom, ozeblom čovjeku krpe za pokrivanje njegove golotinje još *poskupljuje*, da bi malo ojačao oslonce prijestola (!!), slobodoumne bankare" (koji, kako je poznato, u čita-

169

vom Carinskom savezu oponiraju „prijestolu"). „Gole"
i „ozeble" svuda u Njemačkoj malograđani guraju
naprijed, gdje samo treba pobijati zaštitne carine
ili bilo koju drugu naprednu mjeru buržoazije, i „čo-
vjek" im se, evo, pridružuje.

Kakva nam, pak, obavještenja, po g. Grünu, Goet-
heova kritika društva i države daje o „biću čovjeka"?

Prije svega, „čovjek", prema str. 264, sasvim
otvoreno uvažava „obrazovane staleže" uopšte, a pre-
ma visokom plemstvu gaji posebno strahopoštovanje.
Ali se on zatim odlikuje jakim strahom od svakog veli-
kog masovnog pokreta, od svake energične društvene
akcije, pri čijem približavanju se ili pažljivo skriva
u svoj zapećak ili, pak, kupi svoje prnje i brže-bolje
bježi dalje. Dok traje, taj pokret je za njega „jedno
gorko iskustvo", a čim prođe, on se diže na proscenij-
jum i herkulskom rukom dijeli šamare, koji mu izgle-
daju da tek sada ugodno pljušte, i nalazi da je čitava
istorija „beskrajno smiješna". Pri tom je on svom
svojom dušom odan „zasluženim i dobro uređenim
posjedima"; uostalom, on ima vrlo „čuvarnu i mirnu
narav", malim je zadovoljan i skroman, i ne želi da
u svojim malim, tihim uživanjima bude ometan bilo
kakvim burama. „Čovjek voli da ostane u ograni-
čenom" (str. 191, tako glasi prva rečenica „drugog
dijela"); on ne zavidi nikome i zahvaljuje svojem
stvoritelju ako ga ostave na miru. Ukratko, „čovjek",
koji je, kako smo već vidjeli, rođeni Nijemac, počinje
postupno da u dlaku liči na njemačkog malograđanina.

Zbilja, na što se, po g. Grünu, svodi Goetheova
kritika društva? Šta „čovjek" nalazi da zamjeri dru-
štvu? Prvo, da ono ne odgovara njegovim iluzijama.
Ali su ove iluzije upravo iluzije ideologizirajućeg,
naročito mlađanog malograđanina — i ako malogra-
đanska stvarnost ne odgovara iluzijama, to dolazi sa-
mo otuda što su to samo iluzije. One zato utoliko
potpunije odgovaraju malograđanskoj stvarnosti. One
se od nje razlikuju samo ukoliko se uopšte ideologi-
zirajući izraz jednog stanja razlikuje od tog stanja,

i stoga o njihovoj realizaciji dalje ne može biti govora. Ubjedljiv primjer za to pružaju nam glose g. Grüna o *Wertheru*.

Drugo, polemika „čovjeka" upravljena je protiv svega što ugrožava njemački malograđanski poredak. Čitava njegova polemika protiv revolucije — to je polemika malograđanina. Njegova mržnja prema liberalima, julskoj revoluciji, zaštitnim carinama, najočevidnije se ispoljava kao mržnja pritisnutog stabilnog malograđanina prema nezavisnom, progresivnom buržuju. Evo za ovo još dva primjera.

Procvat malograđanstva, kako je poznato, bilo je esnafstvo. Na str. 40. kaže g. Grün, govoreći u smislu Goethea, dakle, u smislu „čovjeka": „U srednjem vijeku povezivala je korporacija *jakog čovjeka*, štiteći ga, s drugim *jakim ljudima*." Pred „čovjekom" su građani esnaflije onog vremena „jaki ljudi".

Ali esnafski režim za vrijeme Goethea bio je već u propadanju, konkurencija je sa svih strana nadirala. Goethe na jednom mjestu svojih memoara, koje g. Grün na str. 88. citira, udara u strašnu kuknjavu zbog započetog truljenja malograđanstva, zbog propadanja imućnih porodica i s time povezanog raspadanja porodičnog života, popuštanja kućnih veza i drugog građanskog jada, prema kojemu se u civilizovanim zemljama odnose sa zasluženim prezirom. Gospodin Grün, koji je u ovom mjestu nanjušio famoznu kritiku građanskog društva, ne može umjeriti svoju radost da sav njen „ljudski sadržaj" ne štampa razmaknutim slovima.

Pređimo sada na „ljudski sadržaj" u Goetheu. Sada možemo brže da idemo, jer smo „čovjeku" već jednom na tragu.

Obavijestimo, prije svega, o prijatnom zapažanju da „Wilhelm Meister dezertira iz roditeljske kuće" i da u *Egmontu* „briselski građani insistiraju na privilegijama i slobodama" ni iz kakva drugog razloga nego da „postanu ljudi" (str. XVII).

171

Gospodin Grün je Goethea već jednom zatekao na Proudhonovim stazama. Ovo zadovoljstvo ima on (str. 320) još jednom:

„Ono što je htio, što mi svi hoćemo, da spasemo svoju ličnost, anarhiju u pravom smislu riječi, o tome Goethe govori ovako:

,A što mi se u tom novom svijetu
„Anarhija tako sviđa?
Svako živi kako hoće,
I meni je tako bolje'" itd.

Gospodin Grün je presrećan što je pravu „ljudsku" društvenu anarhiju, koju je Proudhon prvi proglasio, a njemački istinski socijalisti usvojili aklamacijom, opet našao u Goethea. Ovaj put se on, međutim, prevario. Goethe govori o već egzistentnoj anarhiji u ovom novom svijetu, koja „je" i njemu ugodnija, i po kojoj svako živi kako hoće, tj. o nezavisnosti u društvenim odnosima, koju je povuklo za sobom raspadanje feudalnog i esnafskog sistema, dizanje buržoazije i protjerivanje patrijarhalnosti iz društvenog života obrazovanih klasa. O *budućoj* anarhiji u višem smislu, omiljenoj g. Grünu, ne može, dakle, već iz *gramatičkih* razloga da bude govora. Goethe ovdje uopšte ne govori o onome „što je on htio", nego o onome što je on tu već zatekao.

Ali, ipak, jedna tako mala omaška ne treba da smeta. Ta za to imamo pjesmu: *Svojina*

„Ja znam da ništa nije moje,
Sem misli koja bi htjela
Nesmetano da leti iz duše,
I svakog povoljnog trenutka
Koji mi daje sudbina draga
Da ga uživam do kraja."

Ako nije jasno da u ovoj pjesmi „dosadašnja svojina nestaje u dimu" (str. 320), onda je g. Grünu pamet stala.

172

Ipak ćemo ove male egzegetske uzgredne zabave g. Grüna prepustiti njihovoj sudbini. Njih je i bez toga čitava legija, sve jedna neočekivanija od druge. Bolje opet da se osvrnemo na „čovjeka".

„Čovjek voli da boravi u ograničenom", čuli smo. Malograđanin isto tako.

„Goetheovi prvijenci bili su čisto socijalne" (tj. ljudske) „prirode... Goethe se držao *najbližeg, najmanjeg, najprisnije domaćeg*" (str. 88).

Prvo što na čovjeku otkrivamo pozitivno, to je uživanje u „najmanjem, domaćem", mirnom životu malograđanina.

„Ako bismo našli jedno mjesto na svijetu", kaže Goethe, rezimiran od strane gospodina Grüna, „da bismo na njemu sa svojim dobrima počivali, jedno polje koje bi nas hranilo, jednu kuću da bismo bili pokriveni, zar tu ne bismo imali domovinu?"

„I", uzvikuje g. Grün,

„kako nam je danas ta riječ kao iz duše napisana?" (str. 32).

„Čovjek" uglavnom nosi redingote à la propriétaire [redengot vlasnika], pa se i time pokazuje kao punokrvni épicier [malograđanin — trgovčić]. Njemački građanin je, u najboljem slučaju, trenutno, u svojoj mladosti, zanesenjak slobodom, kako to svako zna. „Čovjek" ima istu osobinu. Gospodin Grün sa zadovoljstvom spominje kako Goethe u svojim poznijim godinama „nagon za slobodom", koji se javlja još u *Götzu*, tom „proizvodu slobodnog i neodgojenog dječaka", „proklinje", i on to, štaviše, kukavičko oporicanje in extenso [opširno] citira (str. 43). Šta g. Grün pod slobodom zamišlja, može se vidjeti iz toga što on na istom mjestu slobodu francuske revolucije identifikuje sa Švajcarcima u doba Goetheova putovanja po Švajcarskoj, dakle, modernu konstitucionalnu i demokratsku slobodu sa patricijskom i esnafskom vladavinom srednjovjekovnih carskih gradova, i uz to još s pragermanskom sirovošću stočarskih alpskih plemena. Montanjari Bernskog gorja ne razlikuju se čak ni po imenu od montanjara Nacionalnog konventa [Igra riječi: „montagnard". — doslovno: brđanin. Tako su se, međutim, nazivali i jakobinci, revolucionarna grupa u Konventu.].

Pošteni građanin je veliki neprijatelj svake frivolnosti i izrugivanja religiji; „čovjek" isto tako. Ako se Goethe u tom pogledu na raznim mjestima čisto građanski izražavao, g. Grünu i to spada u „ljudski sadržaj u Goetheu". I da bi se tome moglo vjerovati, g. Grün ne samo što ova zlatna zrnca skuplja nego tome dodaje još i mnogo vlastitog (str. 62), na što se vrijedi osvrnuti, kao to da su „izrugivači religije ... šupljoglavci i šmokljani" itd. I to njegovu srcu kao „čovjeku" i građaninu čini svaku čast.

Građanin ne može da živi bez „dragog kralja", milog oca domovine. Isto tako ni „čovjek". Stoga Goethe i ima (str. 129) u Karlu Augustu „izvrsnog kneza". Čestiti gospodin Grün, koji se anno 1846. još zanosi „izvrsnim knezovima"!

Građanina interesuje neki događaj utoliko ukoliko direktno utiče na njegove privatne odnose.

„Čak i događaji dana bivaju Goetheu strani objekti, koji mu u njegovoj *građanskoj udobnosti* ili smetaju ili poguduju, koji mogu da mu izazovu kakvo estetsko ili ljudsko interesovanje, ali nikada političko" (str. 20).

Gospodin Grün „će se, prema tome, zainteresovati za jednu stvar" ako primijeti da mu ona „u njegovoj građanskoj udobnosti ne smeta niti mu pogoduje". Gospodin Grün ovdje najotvorenije priznaje da je za „čovjeka" glavna stvar građanska udobnost.

Faust i *Wilhelm Meister* daju gospodinu Grünu povoda za naročita poglavlja. Uzmimo najprije *Fausta:*

Na str. 116. saznajemo:

„Tek time što je ušao u trag tajni organizacije biljaka ,Goethe je' doveden u stanje da svojeg humanističkog čovje-

174

ka" (ima li samo kakva puta i načina da se taj „ljudski"
čovjek jednom izbjegne?) „Fausta konačno uobliči. Jer Faust
biva isto tako... kao i prirodnom naukom doveden na vrhu-
nac svoje vlastite prirode (!)."

Mi smo se uvjerili kako i „humanističkog čov-
jeka" g. Grüna „prirodna nauka izvodi na vrhunac
svoje vlastite prirode". Vidi se kako to leži u samoj
rasi.

Zatim čujemo (str. 231) da „životinjski kostur
i mrtvačke kosti" u prvoj sceni znače „apstrakciju
čitavog našeg života" — uopšte, g. Grün postupa s
Faustom taman tako kao da pred sobom ima otkro-
venje svetog Jovana Bogoslova. Makrokozam znači
„Hegelova filozofija", koja je u vrijeme kad je Goethe
pisao ovu scenu (1806) slučajno postojala samo u He-
gelovoj glavi i, u najboljem slučaju, u rukopisu Feno-
menologije, koju je Hegel u to vrijeme pisao. Šta se
„ljudskog sadržaja" tiče računanje vremena?

Prikaz propalog Svetog Rimskog Carstva u dru-
gom dijelu Fausta g. Grün (str. 240) smatra, bez ikak-
va ustručavanja, za prikaz monarhije Louis-a XIV,
„čime", dodaje on, „sami od sebe imamo konstituciju
i republiku!" „Čovjek", naravno, „ima" sve „sam od
sebe", što drugi ljudi tek naporom i radom moraju
da stvore.

Na str. 246. g. Grün nam povjerava da je drugi
dio Fausta po svojoj prirodnonaučnoj strani „postao
moderni kanon, kao što je Danteova Božanska kome-
dija bila kanon srednjeg vijeka". Neka se ugledaju na
to prirodnjaci, koji su u drugom dijelu Fausta vrlo
malo tražili, i istoričari, koji su u gibelinski angažo-
vanoj pjesmi Florentinca tražili sasvim nešto drugo,
a ne „kanon srednjeg vijeka"! Izgleda da gospodin
Grün gleda na istoriju sličnim očima kao Goethe
(str. 49) na svoju vlastitu prošlost: „U Italiji je Goethe
pregledao svoju prošlost očima Apolona Belveder-
skog", a te oči, pour comble de malheur [da bi ne-
sreća bila potpunija], nemaju ni jabučica.

175

Wilhelm Meister je „komunista", tj. „u teoriji, na tlu estetskog posmatranja" (!!) (str. 254).

„Na ništa je postavio stvar
I dobio cio zemni šar" (str. 257).

Naravno, on ima dosta novca i svijet pripada njemu, kao što pripada svakom buržuju, a da ne treba sebi da zadaje truda da bi postao „komunista na tlu estetskog posmatranja". — Pod auspicijama *ničega*, na što je Wilhelm Meister postavio svoju stvar, i što je, kako se na str. 256. vidi, jedno jako obimno i sadržajno „*ništa*", ukida se i mamurluk. Gospodin Grün „ispija sve čaše do dna, bez mučnih posljedica, bez glavobolje". Tim bolje za „čovjeka", koji se sada nekažnjeno može potajno da oda piću. Dok se sve ovo ostvaruje, g. Grün u međuvremenu već otkriva počašnicu „pravog čovjeka" u rečenici: „Na *ništa* sam postavio stvar" — „ova će se pjesma pjevati kada se čovječanstvo uredi kako njegovom dostojanstvu odgovara"; samo što je g. Grün tu pjesmu sveo na tri strofe, i iz nje izbacio omladini i „čovjeku" neprilična mjesta.

(VII, 185—196)

KOMENTAR

Kako je već spomenuto u *Napomeni priređivača*, razvrstavanje tekstova u četiri grupe samo je uvjetno i nipošto ne znači da pojedini tekstovi ne bi s istim pravom mogli ući u više grupa. Smisao je tog razvrstavanja jedino u tome što mi se činilo kako, s jedne strane, valja izbjeći izravno navođenje jednog za drugim brojnih odlomaka (što otežava kontinuirano čitanje), a kako, s druge strane, ne zadovoljava ni navođenje mnogih uže određenih naslova (što ne samo da otežava čitanje nego i uvodi problematsku raznovrsnost, koja je proizvoljna jer se može osloniti jedino na shvaćanje i tumačenje priređivača izbora). Naravno da se i moji naslovi grupa tekstova mogu opravdati jedino tumačenjem, ali su oni ipak svedeni samo na opća problematska određenja koja idu u nizu od opće filozofske teorije umjetnosti, preko jedne istaknute relacije, relacije umjetnosti i društva, na problem povijesnosti umjetnosti, da bi završila kritičkim ocjenama koje se, dakako, mogu povezati s općim razmatranjima, ali ta veza, prema mojem mišljenju, ne smije biti precijenjena.

Zbog istih načelnih razloga, zbog nastojanja da izbor olakša kontinuirano čitanje i omogući opći uvid u način kako Marx i Engels sami izlažu vlastita stajališta, izbjegavao sam sasvim kratke odlomke, koji se uglavnom svode na kritičke sudove, a nisam navodio ni jedan tekst za koji mi se činilo da nema i neko „unutarnje" opravdanje; nisam navodio ni jedan tekst koji se ne može, tako reći, pročitati i sâm za sebe i da se pri tome može razabrati njegov smisao. Drugačije rečeno, tekstove nisam navodio naprosto zato što bi ih Marx ili Engels napisali, nego sam uvijek navodio zato što mi se činilo da oni govore nešto što nije ni danas bez značenja, barem za onakvu interpretaciju kakvu sam pokušao poduzeti.

Zbog namjene ovog izbora izostavio sam u tekstovima nebitne napomene (npr., one koje se odnose na varijante teksta ili digresije i slično), a i ovdje u *Komentaru* sveo sam sporedna objašnjenja na najmanju mjeru, kako bi se čitalac mogao koncentrisati na smisao bez sporednih digresija koje, dakako, mogu biti važne za studij Marxove i Engelsove biografije, ali nisu neophodne za uvodnu orijentaciju o stavovima Marxa i Engelsa o umjetnosti.

1. LJUDSKA PRIRODA I PRIRODA UMJETNOSTI

Ovaj je dio izbora tako naslovljen jer smatram da se o prirodi umjetnosti u Marxovim i Engelsovim tekstovima uopće ne može govoriti izvan okvira rasprave o prirodi čovjeka. Ni Marx, ni Engels, naime, ne razmatraju prirodu umjetnosti tematski izdvojeno; u njihovim radovima nema tekstova koji bi se izravno odnosili na pitanje: Što je umjetnost? — ali se mogu naći tekstovi koji u najopćenitijem vidu povezuju problematiku umjetnosti s razmatranjem koje se odnosi na prirodu čovjeka. U ovoj su grupi stoga izabrani oni tekstovi u kojima se nazire, prije svega, stanovita filozofska antropologija, premda bi se moglo ustvrditi kako je i sâm naziv „filozofska antropologija" ponešto preuzak da odredi Marxovu i Engelsovu koncepciju čovjeka. Ovdje izabrani tekstovi odnose se tako uglavnom na teoriju otuđenja u okviru koje je filozofski razrađeno shvaćanje čovjeka kao bića prakse, pa se i o umjetnosti ovdje govori u kontekstu šireg, filozofski određenog shvaćanja čovjeka.

Na uvodnom mjestu navodim tri odlomka iz Marxovih *Ekonomsko-filozofskih rukopisa*. U tim je odlomcima vidljivo da Marx inzistira na društvenom karakteru čovjeka, na tezi da je iskonska ljudska djelatnost proizvodna djelatnost i da je ona društvene prirode, da se ta djelatnost otuđuje u klasnom društvu i da je umjetnost jedan od načina na koji se razabire iskonski proizvodni i društveni karakter čovjeka.

Slijede Marxove *Teze o Feuerbachu* koje navodim bez obzira na to što se u njima ne spominje izričito umjetnost; navodim ih u uvjerenju da je u njima pregnantno izražena filozofija čovjeka koja se, s jedne strane, suprotstavlja Hegelovoj koncepciji čovjeka kao bića određenog apsolutnom djelatnošću uma koji se ostvaruje u povijesti, a, s druge strane, suprotstavlja se Feuerbachovoj koncepciji koja čovjeka shvaća kao pasivni rezultat djelatnosti prirodnih sila i stoga ne uviđa bitnu važnost ljudske društvene prakse kojom čovjek proizvodi, na temelju prirodnog svijeta, svoj vlastiti ljudski svijet. *Teze o Feuerbachu* tako okvirno određuju Marxovo shvaćanje čovjeka kao društvenog i praktičnog bića, shvaćanje na temelju kojeg se jedino može razumjeti zašto se i umjetnosti može dati visoko mjesto u ljudskoj povijesti: i umjetnost je, naime, način kako čovjek praktički proizvodi svoj svijet, a ona ujedno — ako to povežemo s ranije navedenim odlomcima iz *Ekonomsko-filozofskih rukopisa* — pruža mogućnost da ljudsku prirodu razumijemo šire od onih određenja na koja upućuje otuđeni karakter rada, rada kao takve djelatnosti koja je čovjekovoj prirodi strana jer mu je nametnuta kao samo na sredstvo svedeno, djelomično i prisilno izražavanje njegova istinskog društvenog bića.

Umjetnost, prema tome, nije rad, ali ona može i mora u klasnom društvu postati radom, pa u tom smislu, smatram, valja razumjeti odlomak iz *Njemačke ideologije*, koji izravno upozorava na rezultate podjele rada u povijesti. „Čista umjetnost" tu ulazi, kao i „čista teorija", u sferu ideologije, pa se otvaraju mogućnosti za „dvostruku" interpretaciju umjetnosti: umjetnost je, s jedne strane, izvorna, iskonska proizvodnja, a, s druge strane, ona je rezultat podjele rada koja dovodi do razdvajanja, do individualizacije proizvodnje i tako do historijski opravdanog shvaćanja umjetnosti kao ideologije.

Na toj opreci između izvorne prirode umjetnosti i njene ideološke pojavnosti inzistiraju slijedeći odlomci iz *Osnova kritike političke ekonomije*, koje tako navodim zbog kritike građanskog stajališta koje prema Marxovu mišljenju nikada nije uspjelo razriješiti antinomiju između „punine stare umjetnosti" i njenog otuđenog karaktera u građanskom društvu. Da bi se umjetnost razumjela, kaže Marx, valja „zderati" građanski oblik u kojem se ona pojavljuje; tek tako možemo razumjeti kako se umjetnost odnosi i prema izvornoj ljudskoj proizvodnoj djelatnosti.

Da pokažem kako ovakav način razmatranja nije karakterističan samo za Marxova rana djela, navodim i dva odlomka iz *Kapitala*, u kojima je vidljivo da problematika teorije otuđenja zaokuplja Marxa i kasnije, i onda kada se bavi analizom ekonomije kao one osnovice na kojoj se može razumjeti građanski svijet u cjelini. Oba ta odlomka dopuštaju različita tumačenja, ali je za nas ovdje dovoljno što oba ukazuju na šire dimenzije Marxova mišljenja, što oba pokazuju da se Marxovo shvaćanje nikako ne može svesti na tzv. ekonomizam, pa se ni problematika umjetnosti ne smije razmatrati isključivo u tom kontekstu. Mislim da se u ovim odlomcima nedvojbeno može razabrati kako Marx ne smatra da se ljudska priroda iscrpljuje u ekonomskoj proizvodnji, da čovjek, prema tome, nije kod njega shvaćen kao „radna životinja", da sloboda bitno određuje shvaćanje ljudske prirode te da, rekao bih, upravo u okvirima te dimenzije valja sagledati i problematiku prirode umjetnosti.

Stoga i posljednji odlomak u ovoj grupi, relativno malo poznati tekst iz Marxovih ispisa o pročitanim djelima, zapravo komentari knjizi Jamesa Milla, *Elémens d' économie politique,* navodim kao svojevrstan komentar koji olakšava razumijevanje ranije navedenih odlomaka, posebno onih iz *Kapitala*, ili barem upućuje kako bi se ti odlomci, prema mojem mišljenju, mogli čitati i u kojem ih kontekstu možemo tumačiti.

2. UMJETNOST I DRUŠTVO

Prvi tekst u grupi pod ovim naslovom je iz glasovitog Marxovog *Priloga kritici političke ekonomije,* u kojem Marx sažeto daje osnovne ideje svog učenja. Taj se tekst često navodi i kao uvodni tekst u izbor Marxovih i Engelsovih tekstova o umjetnosti, što je donekle opravdano s obzirom na njegovu kvalitetu i na činjenicu da predstavlja originalne Marxove opće zaključke. Ipak smatram da taj tekst ne valja tumačiti izvan okvira tekstova iz moje prve grupe; jer lako možemo izgubiti iz vida onu dimenziju umjetnosti koja proizlazi iz njena izvorno proizvodnog karaktera. U ovom je tekstu, naime, naglasak na tezi da društveno biće određuje društvenu svijest, pa se u skladu s time razlikuje između „ideoloških oblika", u koje svakako spada i umjetnost, i „ekonomske osnovice". Prema tumačenju koje sam pokušao zacrtati u uvodu, ovdje se, dakle, naglašava uvjetovanost umjetnosti, što, prema mojem mišljenju, nije u suprotnosti s iskonsko proizvodnim karakterom umjetnosti, naglašenim u ranijim tekstovima, jer se ovdje govori o stvarnom stanju ideologije, odnosno umjetnosti, o fakticitetu koji je povijesno uvjetovan i koji se može i mora upravo tako analizirati ako želimo utvrditi njegovu istinu koja nije u onome što „netko misli da jest", nego u onome „što on stvarno jest". I umjetnost se stoga, smatram, ne smije razmatrati po onome što ona misli da jest u nekoj povijesnoj epohi, nego se mora razmatrati i pod vidom onoga što ona doista jest. A takvo shvaćanje onoga što umjetnost stvarno jeste moguće je opet samo zato što nam revolucionarni obrat omogućuje da razaberemo što je u umjetnosti ideološko, a što nije, što je njena pretpovijesna, klasna odrednica, a što pripada pravoj povijesti koja treba tek doći nakon što se prevlada „carstvo nužnosti", tj. ekonomijom uvjetovano klasno društvo.

Smatram da u tom tekstu, osim toga, na opasnost pojednostavnjivanja upućuje naglašeno razlikovanje ideoloških oblika od ekonomskih oblika, „pri čemu se samo ovi posljednji mogu točno odrediti", pa se tako i na temelju ovog teksta možemo suprotstaviti pokušaju izravnog izvođenja umjetnosti iz njene ekonomske osnovice, osobito, pak, filozofskom izvođenju prirode umjetnosti iz činjenice njene stvarne otuđenosti u građanskom društvu.

Slijede odlomci iz Njemačke ideologije koji, za razliku od odlomaka navedenih u prvom dijelu ovog izbora, upozoravaju na metodu analize stvarnog stanja umjetnosti i njenih odnosa prema društvenoj stvarnosti. Pri tome valja istaći da ovi tekstovi, prije svega, ukazuju na važnost koju Marx

i Engels pridaju analizi odnosa umjetnosti i društva. Sva-
kako je, naime, nesumnjivo da postoji izravni odnos između
umjetnosti i društva, da je umjetnost društvena činjenica,
da je, štoviše, društveno uvjetovana činjenica. To, na kraju,
i nije nikakvo posebno Marxovo i Engelsovo otkriće, i to
vjerojatno nitko, pa ni protivnici marksizma, ne dovodi
u sumnju. Važno je ovdje, međutim, razabrati da je novina
i vrijednost Marxove i Engelsove analize tog odnosa u kon-
cepciji društva više no u koncepciji umjetnosti. Marx i
Engels ovdje upozoravaju i analiziraju kako valja shvatiti
društvo: u relaciji „umjetnost — društvo" oni se ovdje
koncentriraju na relat „društvo" i na osnovi određenja
toga što čini društvo, odnosno načina kako valja shvatiti
društveni život u cjelini ili stanje društvenog života u nekoj
epohi, posredno izvode i zaključke o umjetnosti. Stoga oni
obogaćuju analizu društva u toj relaciji, ukazujući na kla-
snu bit ljudskih odnosa i na presudnu važnost ekonomskih
uvjeta proizvodnje, pa u tom pogledu razvijaju i jedan
osobit aspekt s kojeg se može razmatrati i umjetnost. Mislim
da bi bilo sasvim proizvoljno tvrditi kako se u tim anali-
zama iscrpljuje problematika umjetnosti kako je oni shvaćaju.

Kako se pri tome pojavljuje izuzetno važna dimenzija
komunizma, odlomak iz *Manifesta komunističke partije*
naveden je ovdje da upozori kako društveni karakter umjet-
nosti valja sagledati i u toj najširoj povijesnoj dimenziji
budućnosti.

Slijedi nekoliko odlomaka iz Engelsovih djela *Anti-
-Dühring* i *Porijeklo porodice, privatne svojine i države*.
Navedeni su jer ne samo da obrazlažu kako prema Engel-
sovu mišljenju valja analizirati umjetnost nego i zato jer
se umjetnost u njima uzima kao svjedočanstvo o povijesnom
trenutku u razvoju društva. Vidljivo je da Engels smatra
kako umjetnička djela govore o tome što, zapravo, jest
društvo, da se na temelju umjetničkih djela može zaklju-
čiti kakva je, zapravo, struktura društva, da umjetnost,
dakle, izražava društveni život, ali da ona, također, ima i
neku distanciju prema društvenom životu, da umjetnička
djela valja analizirati kako bi se razabralo što je društveni
život, da umjetnost nije neposredno analiza društvenog

182

života sâma, nego je nešto što analizu zahtijeva podjednako tako kao što analizu zahtijeva društveni život. U umjetnosti se tako ne može neposredno „otčitati" što je bilo i kako je bilo u nekom trenutku društvenog života, nego je analiza umjetničkih djela zadatak koji uvijek nanovo valja obavljati; umjetnička se djela tako i s tog aspekta ne mogu naprosto „svesti" na svoju društvenu osnovicu. Tek razumijevanje društvenog života, razumijevanje osnovice take omogućuje razumijevanje relacije „umjetnost — društvo", pa Engelsove analize u tom smislu obogaćuju analizu umjetničkih djela jer ukazuju na važnost njihove društvene funkcije i na činjenicu da društvo valja razumijevati i preko umjetnosti. Zanimljive relacije između književnih djela i razvoja porodice, osim toga, bez sumnje obogaćuju i analizu tematike književnih djela, ukazujući kako i sama tematika književnosti proizlazi iz stanovitih društvenih potreba.

Nakon toga navodim nekoliko odlomaka iz Engelsovih *Pisama*. Zajednička je svim tim odlomcima kritika pojednostavnjivanja odnosa između ekonomske osnovice i ideološke nadgradnje, što smatram veoma važnim za ovdje poduzetu interpretaciju. Engelsova kritika, naime, upozorava kako je osnovna pogreška svih „marksista" koji su ideologiju nastojali svesti na ekonomiju što smatraju da je ekonomski moment *"jedini* (potcrtao Engels) određujući"; što ne uviđaju, dakle, dijalektički karakter Marxova mišljenja. Engels smatra da su Marx i on prirodno, u polemici s protivnicima, naglašavali pretežno element ekonomske uvjetovanosti, ali da oni, isticanjem glavnog principa, nisu željeli isključiti sve elemente koji djeluju u spletu uzajamnosti. Engels tako upozorava na povijesni totalitet i stoga, smatram, njegovu argumentaciju valja shvatiti još šire no što se to čini ako se ukazuje jedino na „povratno djelovanje" nadgradnje na osnovicu. On, naime, i u ovim tekstovima, govori, zapravo, samo o ideologiji, odnosno o umjetnosti u klasnom društvu, pa se tako može činiti da samo „ispravlja" pretjerani i pojednostavnjeni ekonomizam, zadržavajući ipak tezu o uvjetovanosti umjetnosti, sada, doduše, samo u „krajnjoj liniji" materijalnom osnovicom. Ova teza, međutim, i sama stoji jedino ako joj dodamo: „u razvoju društva od prve podjele rada do komunizma". Dijalektički karakter Marxova mišljenja, smatram, ne valja ograničiti samo na odnos uzrok—posljedica u društvenom razvoju, nego ga valja proširiti i na odnos dio—cjelina, ili, ako hoćemo tako reći, povijesni totalitet—povijesna epoha, što u odnosu na umjetnost znači: dijalektičko protuslovlje između prirode umjetnosti i njenog pojavnog oblika u otuđenom društvu. Engelsove interpretacije ovdje ne ističu dovoljno tu dimenziju, ali mislim da ne protuslovi njihovom duhu ako se one dalje razviju i u tom smislu. A, osim toga, i sam Engels u drugim tekstovima — koje ćemo i ovdje navoditi — naglašava i „drugu stranu" prirode umjetnosti, u najmanju ruku, kada govori o promijenjenoj funkciji umjetnosti u komunizmu.

To, smatram, na neki način potvrđuje i posljednji odlomak u ovom dijelu izbora, odlomak iz Marxovih *Teorija o višku vrijednosti*, gdje se slične teze izravno razvijaju s jače naglašenom dijalektikom odnosa povijesnog totaliteta i povijesnih epoha. Tu se već izričito kaže da se „kapitalistička proizvodnja, na primjer, neprijateljski odnosi prema izvjesnim duhovnim granama proizvodnje, kao što su umjetnost i pjesništvo", što izravno pretpostavlja razumijevanje prirode umjetnosti koje ne proizlazi iz umjetničkog odražavanja stvarnosti. Vidljivo je, dakle, da Marx nipošto ne gubi iz vida svoje ranije analize o prirodi umjetnosti iz *Ekonomsko-filozofskih rukopisa*, na primjer, i da problematiku odnosa umjetnosti i društva razmatra u širem horizontu sudbine umjetnosti u povijesti i njenog značenja kao simbola autentične ljudske proizvodnje.

Zbog toga, ujedno, ovaj odlomak izravno označava prijelaz prema problematici slijedećeg dijela ovog izbora.

3. PROŠLOST I BUDUĆNOST UMJETNOSTI

U prvom tekstu ovog dijela, u glasovitom odlomku iz *Osnova kritike političke ekonomije*, nastavlja se razmatranje odnosa umjetnosti i društva, ali se ujedno izravno otvara problematika povijesnog razvoja umjetnosti. Marx tu odmah upozorava na središnje pitanje, na pitanje odnosa umjetnosti prema razvoju materijalne proizvodnje, a postavljanje problema i njegova razrada upravo u ovom odlomku, smatram, najviše potvrđuju tumačenje koje sam pokušao poduzeti u uvodnom eseju. Ovdje je, naime, vidljivo da Marx razmatra opreku između iskonske osnove umjetnosti — koju nalazi u mitologiji — i njenih povijesnih promjena — koje se tiču stvarnog stanja umjetnosti u pojedinim epohama. Bez obzira na to što se i ovaj odlomak, uzet sam za sebe, može različito tumačiti, ipak bih rekao da je u njemu prisutna takva razrada kakva nedvojbeno ukazuje da se umjetnost ne može shvatiti jedino kao ekonomijom uvjetovana ideološka nadgradnja. Vidljivo je da Marx zahtijeva širok horizont pristupa problematici umjetnosti, horizont koji sam odredio kao „prošlost i budućnost umjetnosti", jer smatram da je ovdje najvažnija takva vremenska perspektiva koja isključuje shvaćanje umjetnosti naprosto kao prošlosti i takvo shvaćanje povijesti koje isključuje razumijevanje povijesti naprosto kao „napredovanja".

Dva slijedeća odlomka iz Marxovog djela *Prilog kritici Hegelove filozofije prava* izabrana su ovdje jer ilustriraju Marxovo shvaćanje uloge umjetnosti u povijesti i jer naglašavaju kako oslobođenje čovjeka za Marxa znači „ostvarenje filozofije", što je nemoguće zamisliti ako se ideološka nadgradnja shvati suviše usko: filozofija — a rekao bih ovdje: i umjetnost — imaju povijesno značenje koje nadilazi okvire odražavanja neposredne stvarnosti.

Slijedi odlomak iz Marxovih *Ekonomsko-filozofskih rukopisa* u kojem se lako može razabrati kako otuđeni čovjek u građanskom društvu stvara svoju otuđenu, „ropsku umjetnost", čija je „tajna" u političkoj ekonomiji kao onoj znanosti koja opisuje i izražava otuđenje. Marxove analize otuđenja ovdje se izravno mogu povezati s problematikom položaja umjetnosti u kapitalizmu i s ranije navedenim tezama o tome da se kapitalizam neprijateljski odnosi prema umjetnosti. To će reći da se priroda umjetnosti u otuđenom društvu nužno „otvara" samo u otuđenoj dimenziji.

Dva odlomka iz *Njemačke ideologije* neposredno upozoravaju na budućnost umjetnosti. Vidljivo je kako Marx i

Engels smatraju da se umjetnost tek u komunizmu može osloboditi svih svojih ograničenja, takvih ograničenja kakva proizlaze iz njene klasne uvjetovanosti i iz činjenice da je u građanskom društvu i umjetnička proizvodnja postala robnom proizvodnjom koja se ravna prema zakonitostima političke ekonomije. Također je ovdje od izuzetne važnosti inzistiranje na slobodnom razvoju pojedinca u komunizmu što nedvojbeno ukazuje da Marx i Engels ne smatraju kako bi komunizam morao voditi prema nekoj vrsti „nivelacije" umjetnosti — što bijahu teze mnogih apologija masovne, „proleterske" umjetnosti — nego, naprotiv, tvrde da tek komunizam omogućuje razvoj svačijeg individualnog talenta i tako nastajanje vrhunske, individualizirane umjetnosti, takve umjetnosti kakva postaje svakom pristupačna jedino u tom smislu što je svakom omogućeno da je stvara i prima isključivo u skladu sa svojim ljudskim mogućnostima, a ne prema svom klasnom ili materijalnom položaju te za umjetničku osjetljivost slučajnoj činjenici da mu je omogućeno obrazovanje koje je drugima nedostupno.

Marxov odlomak iz *Kapitala* naveden je ovdje kao ilustracija položaja umjetnosti u kapitalizmu, a Engelsovi tekstovi iz *Dijalektike prirode* i iz *Porijekla porodice, privatne svojine i države* izabrani su jer pokazuju način kako Engels analizira funkciju umjetnosti u nekim povijesnim razdobljima.

Na te se odlomke nastavljaju tekstovi iz Engelsova *Anti-Dühringa*. U njima su prisutne dalje analize položaja umjetnosti u nekim epohama, ali je, smatram, od izuzetne važnosti i kako Engels, u polemici sa Dühringovim stajalištima, naglašava dijalektički karakter svog i Marxovog shvaćanja povijesti. U posljednjem, ovdje navedenom tekstu tako je očito da se ni Engelsova koncepcija povijesti ne može svesti na pozitivizam. Engels ovdje ističe kako je „napredak civilizacije ujedno nov porast nejednakosti" i kako shvaćanje povijesti ovisi od ideje obrata u kojem se „nejednakost" opet preobraća u jednakost" sada na „višem stupnju" koji, prema mojem mišljenju, upravo upozorava na odlučujuću dimenziju cijele orijentacije kako u shvaćanju povijesti, tako i u shvaćanju razvoja umjetnosti. Ne može se, dakle, rekao bih,

186

Engelsova koncepcija „odijeliti" od Marxove. Ako prethodne odlomke iz Engelsovih djela čitamo u skladu s ovim analizama, biva jasno da se ranije analize načina kako umjetnost „govori" o materijalnoj osnovici i kako izražava klasne stavove moraju razumjeti tako da neprestano imamo na umu i ovdje ekspliciranu dimenziju budućnosti umjetnosti koja na osobit način „osvjetljava" njenu prošlost.

Na kraju ovog dijela navodim dva odlomka iz Marxovih *Teorija o višku vrijednosti*. Prvi je zanimljiv kao duhovita eksplikacija jednog aspekta građanskog društva u kojem, tobože, negativni elementi, kao zločin, igraju pozitivnu ulogu u konstituiranju društvenog života. Marxova ironija, međutim, ovdje ima dublje značenje jer ukazuje na osnove jednog načina života koji se zasniva na protuslovlju između morala kakvog proklamira i stvarnog života koji je u biti nemoralan. A teze iz drugog odlomka gdje se govori o Miltonovoj poeziji — koja je proizašla iz djelatnosti „njegove prirode" — ne samo da ponovno osvjetljavaju položaj umjetnosti u kapitalizmu nego i izravno potvrđuju, smatram, okvirne teze o prirodi čovjeka i prirodi umjetnosti koje su nam poznate iz odlomaka u prvom dijelu ovog izbora.

4. ANALIZE I OCJENE UMJETNIČKIH DJELA

Kako smatram da se na osnovi kritičkih ocjena pojedinih književnih djela — koje su mogu naći u Marxovim i u Engelsovim tekstovima — ne može rekonstruirati neka njihova estetika ili zatvorena književno-umjetnička teorija, ovaj dio izbora namjerno nisam otpočeo tekstom koji bi — kao u prethodnim dijelovima — otvorio cjelokupnu problematiku te grupe tekstova. Ne mislim, naravno, da tekstovi iz ove grupe nisu u uskoj vezi s prethodnima, niti smatram da se oni ne mogu „uklopiti" u cjelinu dosadašnjeg izbora, ali je ipak u ovom dijelu princip biranja tekstova donekle drugačiji. Ovdje sam izabrao tekstove koji mi se čine reprezentativni za Marxov i Engelsov način onog tipa razmišljanja o umjetnosti koji se izravno vezuje za pojedinačna djela i koji uglavnom teži nekoj vrsti kritičkog suda. Ovdje se tako mogu naći, prema mojem mišljenju, zanimljiva razmatranja koja se ipak, prvenstveno, odnose na neka pojedinačna pitanja. Smatram, stoga, da ove tekstove valja čitati u kontekstu tekstova iz prvih dijelova ovog izbora, a ne obrnuto.

Prvi tekst, odlomak iz Marxovih *Ekonomsko-filozofskih rukopisa*, izabran je tako kao zanimljiva analiza koja pokazuje što Marx zapaža u nekim književnim tekstovima i kako analiza tih tekstova ulazi u eksplikaciju njegove teorije otuđenja, dok drugi tekst, Engelsov predgovor za knjigu *Porijeklo porodice, privatne svojine i države*, na sličan način može ilustrirati Engelsovu metodu analize.

Slijedi iz Marxovih *Pisama* uzeta kritika Lassallove drame *Franz von Sickingen*. Tu je, smatram, važno zapaziti kako Marxovu širinu u kritičkoj ocjeni te njegovo prirodno zanimanje za ideološke teze koje su u drami prisutne, tako i naglašavanje potrebe da umjetnost zahvati svu širinu života, a da se ne ograniči na manje ili više tendenciozno uvjeravanje. Shakespeare i Schiller tu su primjeri za dva pristupa umjetničkoj obradi, s izravnim opredjeljenjem za šekspirovsku širinu i naglašavanje individualnosti likova, koja se suprotstavlja Schillerovoj zaokupljenosti idejnim stavovima i takvoj obradi likova kakva teži da lik svede na središnju ideju njegovih stavova i akcije.

Slijede tri odlomka iz Engelsovih *Pisama*, koje smatram veoma značajnim za razumijevanje Engelsovih književnokritičkih postupaka, pa čak i za razumijevanje cjeline njegovih pogleda na umjetnost, osobito u smislu pojedinačnih problema umjetničke tehnike. Prvo je pismo Ferdinandu Lassallu o već navedenoj drami. Vidljivo je, najprije, da se Engelsov sud u osnovi podudara s Marxovim, premda je njegova ocjena nešto pozitivnija, što je u skladu s nekim razlikama između njegova i Marxova ukusa. Engelsova ocjena je nešto više no Marxova uvjetovana analizom idejnog sadržaja drame, ali i tu lako zapažamo da Engels nije doktrinar u ocjenjivanju umjetničkih vrijednosti. On umjetničkom dojmu daje podjednako važnu ulogu kao i izboru tematike, što će reći da iako smatra izbor tematike odlučujuće važnim elementom, nije mu ni stran uvid da kvaliteta djela u najvećoj mjeri ovisi od obrade, odnosno od umjetničkog oblikovanja.

Drugo je pismo Minni Kautsky, koje je, smatram, najvažnije zbog shvaćanja tendencije. Engels tu, naime, upozorava da tendencija književnog djela mora „proizlaziti iz same situacije" i da „pjesnik ne mora čitaocu pružati istorijska buduća rješenja društvenih sukoba koje opisuje". I sama ta rečenica pokazuje da se na osnovu Engelsovih tekstova ne može zasnovati teorija socijalističkog realizma; ona je izravno suprotna teoriji prema kojoj umjetnost mora nakon socijalističke revolucije oblikovati buduće tendencije progresivnog povijesnog razvoja.

Na iste te probleme upozorava i treće pismo, upućeno Margareti Harkness, s time što je ono važno i zbog izlaganja Engelsovog shvaćanja realizma. Tu je izrečena glasovita formula da je realizam „istinitost u reprodukovanju tipičnih karaktera u tipičnim okolnostima", koja je postala nekom vrstom uporišta za teoriju o realizmu kao jednoj metodi književnog stvaralaštva, kakvu je izlagao, na primjer, Leonid Timofejev u i u nas poznatoj *Teoriji književnosti*, i koja je postala nekom vrstom službene sovjetske doktrine do najnovijeg vremena. Mislim, međutim, da se ovdje prije svega, mora imati na umu kako je u Engelsovom pismu riječ o kritici jednog sentimentalnog romana, pa Engels s pravom naglašava da taj roman „nije dovoljno realističan" jer, naprosto, nije umjetnički osobito vrijedan. Za protezanje ove kritike na opći problem odnosa romantizma i realizma stoga, rekao bih, naprosto nema dovoljno elemenata. Osim toga, pojam tipičnog Engels ovdje upotrebljava u skladu sa shvaćanjem svoga vremena i svojim simpatijama za realizam, koji tada bijaše — ne smijemo to zaboraviti — koncepcija koja je dovela do najuspjelijih praktičkih ostvarenja i koja je na planu književne teorije nadmašivala teoriju naturalizma i tzv. eksperimentalnog romana. Engels, naprosto, uviđa nadmoć Balzaca nad Zolom, ali se, smatram, na temelju toga ne može izvesti teorija o dekadenciji umjetnosti koja bi nastupila nakon Balzaca, a određenje „tipični karakteri u tipičnim okolnostima" valja razumjeti kao uvjetnu karakterizaciju jednog književnog stila, karakterizaciju koja ne pretendira na to da bude neko opće načelo razvrstavanja književnosti u čitavoj poznatoj nam povijesti.

Na kraju navodim relativno opsežan odlomak iz Engelsove polemičke rasprave *Njemački socijalizam u stihu i prozi*. Premda je tu izlaganje uglavnom zaokupljeno opovrgavanjem Grünovih stavova i njegove interpretacije Goetheovih djela, navodim ga bez cjepkanja na manje dijelove jer dosta dobro ilustrira Engelsov način kritičke analize.

Dodao bih ovdje, također, da se u Marxovim i Engelsovim djelima i pismima nalazi još ponešto kritičkih sudova i kraćih analiza (npr., o njihovim odnosima prema pjesnicima Heineu, Herveghu, Freilighrathu, Werthu i Siebelu), ali smatram da bi njihovo navođenje prije vodilo čitatelja prema sporednim detaljima no što bi moglo otvoriti neke nove probleme ili ilustrirati kritičke postupke. Riječ je, naime, bilo o veoma kratkim zapažanjima ili sudovima, koji se uklapaju i potvrđuju teze opširnije i bolje iznesene u navedenim odlomcima, bilo, pak, o razmatranjima koja mogu biti važna u istraživanju, na primjer, Marxove ili Engelsove duhovne biografije, ali praktički nemaju nikakve važnosti u tumačenju njihovog shvaćanja umjetnosti.

LITERATURA

Adorno, Theodor, W.: *Estetička teorija*, Beograd, 1979.

Adorno, Theodor, W.: *Filozofija nove muzike*, Beograd, 1968.

Adorno, Theodor, W.: *Noten zur Literatur,* I, II, III, Frankfurt/M, 1958, 1961, 1965.

Ambrogio, Ignazio (Ambrođo, Ignacio): *Ideologija i književnost*, Beograd, 1979.

Bastide, Roger: *Umjetnost i društvo*, Zagreb, 1981.

Bloch, Ernst: *O umjetnosti. Izabrani tekstovi*, Zagreb, 1981.

Benjamin, Walter: *Eseji*, Beograd, 1974.

Damnjanović, Milan: *Estetika i razočaranje*, Zagreb, 1970.

Demetz, Peter: *Marx, Engels und die Dichter*, Stuttgart, 1959.

Fischer, Ernst: *O potrebi umetnosti*, Beograd, 1966.

Garaudy, Roger: *O realizmu bez obala*, Zagreb, 1968.

Grlić, Danko: *Umjetnost i filozofija*, Zagreb, 1965.

Grlić, Danko: *Estetika IV. S onu stranu estetike*, Zagreb, 1979.

Hauser, Arnold: *Filozofija povijesti umjetnosti*, Zagreb, 1963.

Jameson, Fredric (Džejmson, Fredrik): *Marksizam i forma*, Beograd, 1971.

Književna kritika i marksizam, Beograd, 1971.

Kosik, Karel: *Dijalektika konkretnog*, Beograd, 1967.

Lefebvre, Henri: *Prilog estetici*, Beograd, 1957.

Lenjin o književnosti. Zbornik, Beograd, 1949.

Lukacs, Georg (Lukač, Đerđ): *Problemi realizma*, Sarajevo, 1957.

Lukacs, Georg (Lukač, Đerđ): *Prolegomena za marksističku estetiku*, Beograd, 1960.

Lukacs, Georg (Lukač, Đerđ): *Osobenost estetskog*, Beograd, 1980.

191

Marcuse Herbert: *Kultura i društvo*, Beograd, 1977.

Marcuse, Herbert: *Estetska dimenzija*, Zagreb, 1981.

Macherey, Pierey: *Teorija književne proizvodnje*, Zagreb, 1979.

Marx, K. — Engels, F. (Marks, K. — Engels, F.): *O književnosti i umetnosti*. Predgovor Dragan M. Jeremić, Beograd, 1976.

Marx i Engels (Marks i Engels): *O književnosti*. Izbor i predgovor Sveta Lukić, Beograd, 1978.

Marx — Engels — Lenjin — Tito: *O književnosti, umjetnosti i kulturi*, Sarajevo, 1981.

Marx, K. — Engels, F. (Marks, K. — Engels, F.): *O umetnosti i književnosti*. Izbor Mihail Livšic, Beograd, 1960.

Marksizam i umjetnost, Beograd, 1972.

Marksizam — strukturalizam. Istorija — struktura, Beograd, 1974.

Morawski, Stefan: *Marksizam i estetika*, I, II, Titograd, 1980.

Petrović, Sreten: *Estetika i ideologija*, Beograd, 1972.

Petrović, Sreten: *Marksistička estetika*, Beograd, 1979.

Runcini, Ramolo: *Iluzija i strah u građanskom svijetu*, Zagreb, 1980.

Silva, Lodovico: *Marksov književni stil*, Beograd, 1978.

Solar, Milivoj: *Ideja i priča*, Zagreb, 1980.

Solar, Milivoj: *Književna kritika i filozofija književnosti*, Zagreb, 1976.

Solar, Milivoj: *Uvod u filozofiju književnosti*, Zagreb, 1978.

Svijet umjetnosti. Marksistike interpretacije, Zagreb, 1976.

Trocki, Lav: *Književnost i revolucija*, Rijeka, 1971.

NAPOMENA PRIREĐIVAČA

Svrha je ovog izbora da čitaoca uvede u problematiku Marxova i Engelsova shvaćanja umjetnosti i da mu omogući neku osnovnu orijentaciju u brojnim i raznovrsnim tekstovima koji se u djelima osnivača marksizma izravno ili posredno odnose na umjetnost. Kako smatram da se studij i svaki pokušaj tumačenja Marxova i Engelsova shvaćanja umjetnosti mora oslanjati jedino na razumijevanju cjeline njihovih misaonih napora, ovaj izbor odlomaka, doduše, može poslužiti kao uvod, ali je on, također, s druge strane gledano, svakako i rezultat jedne određene interpretacije. Takvu sam interpretaciju — koja ujedno utvrđuje načela ovog izbora — pokušao obrazložiti u uvodnom eseju, a pojedina zapažanja o nekim tekstovima, kao i o razlozima zašto su ovdje izabrani, naveo sam u *Komentaru* na kraju knjige. U odabiranju tekstova nisam težio da obuhvatim što više građe bez obzira na tematiku i namjenu; ograničio sam se na tekstove koji mi se čine važnim za razumijevanje cjeline filozofske koncepcije umjetnosti i na one koji su reprezentativni za neke druge opće teme o umjetnosti ili za stavove u analizi umjetničkih djela. Moja je razdioba problematike pri tome uvjetna i koristim je samo zato da, s jedne strane, izbjegnem gomilanje problema — što teško može izbjeći navođenje mnogih kratkih i raznovrsnih odlomaka — i da, s druge strane, upozorim kako barem zbog preglednosti valja praviti razliku između tematski različito upravljenih djela, odnosno njihovih odlomaka. Tako su svi navedeni tekstovi podijeljeni u četiri problematska područja, a pojedini odlomci nose samo naslove djela iz kojih su uzeti.

Svi su tekstovi navedeni prema izdanju Karl Marx — Friedrich Engels: *Dela*, tom 1—46, Institut za izučavanje radničkog pokreta — Izdavačko preduzeće „Prosveta", Beograd, pa se nakon svakog odlomka jedino navode rimskom brojkom odgovarajući tom, a arapskom brojkom odgovarajuće stranice.

U Zagrebu, u prosincu 1981.

Milivoj SOLAR

SADRŽAJ

Izdavačka radna organizacija „Rad" — Beograd, Moše Pijade 12
● Korektor: Jovanka Simić. Nacrt za korice: Janko Krajšek ●
Štampano u 10.000 primeraka ● Štampa: GRO „Kultura" — OOUR
„Slobodan Jović" — Beograd, Stojana Protića 52

www.ingramcontent.com/pod-product-compliance
Lightning Source LLC
Chambersburg PA
CBHW071346280526
45787CB00001B/238